Diane Bone/Rick Griggs
Qualität am Arbeitsplatz

- Leitfaden zur Entwicklung von hohen Personal-Qualitäts-Standards
- Beispiele, Übungen,
- Checklisten

UEBERREUTER

Die Deutsche Bibliothek – CIP-Einheitsaufnahme

Bone, Diane:
Qualität am Arbeitsplatz : Leitfaden zur Entwicklung von
hohen Personal-Qualitäts-Standards ; Beispiele, Übungen,
Checklisten / Diane Bone ; Rick Griggs. [Aus dem Amerikan.
von Lexicomm, konz. Fachübers.-Büro, Wien. Ill.: Josef Koo].
– Wien : Wirtschaftsverl. Ueberreuter, 1993
  (New Business Line) (Manager-Magazin-Edition)
  Einheitssacht.: Quality at work ‹dt.›
  ISBN 3-901260-42-0
NE: Griggs, Rick:

S 0069   1 2 3 4 5 / 97 96 95 94 93

Alle Rechte vorbehalten
Aus dem Amerikanischen von Lexicomm® konz. Fachübersetzungsbüro
Originaltitel »Quality at work«, erschienen im Verlag Crisp Publications, Inc., Los Altos, Kalifornien
Copyright© 1989 by Crisp Publications, Inc.
Fachredaktion: Dr. Peter Kowar
Technische Redaktion: Dr. Andreas Zeiner
Umschlag: Beate Dorfinger
Illustrationen: Josef Koo
Typografie: Kurt Bauer
Copyright© der deutschsprachigen Ausgabe 1993 by Wirtschaftsverlag Carl Ueberreuter, Wien
Printed in Austria

Inhalt

Vorwort — 5
Über dieses Buch — 7
Danksagungen — 8

Teil 1: Qualitätsbewußtsein — 9
Qualität als Standard — 10
Die »Wir-sind-auch-nicht-schlechter-als-andere«-Falle — 15
Was Qualität ist und was nicht — 16
Wozu sich Sorgen über Qualität machen? — 17
Zwanzig Gründe, ein Qualitätsprogramm einzuführen — 18
Die Qualität als Herausforderung — 19

Teil 2: Persönliche Qualitätsstandards — 21
Sie selbst sind der Maßstab! — 22
Werden Sie sich über Ihre persönlichen Standards klar — 24
Das Abstimmen mit dem Qualitätsstandard »Q-Match« — 33
Qualität und Erwartungen — 36
P-D-D-Optionen für Qualität — 37
Was veranlaßt uns, Kompromisse zu schließen (zu schwindeln)? — 39

Teil 3: Das »E.K.K.« der Qualität — 41
Engagement, Kompetenz, Kommunikation — 42
Engagement und Einsatz — 43
Kompetenz — 45
Kommunikation — 48
Vorschläge, um Qualität publik zu machen — 52

Teil 4: Die Ziele Ihrer Organisation — 53
Zielplanung — 54
Ihre Position in bezug auf das Unternehmensleitbild — 55
Checken Sie Ihre Zielkontrolle — 56
Das Festsetzen von Qualitätsstandards — 57

Teil 5: P.S. – Der Perfektionsstandard — 60
Was ist »perfekt«? — 61
Der Sieben-Stufen-Plan — 64
Ein aktionsorientierter Qualitätsplan — 70

Teil 6: Das »Wie man ...« der Qualität — 71
Zehn Komponenten eines Qualitätsprogramms — 72
  1. Wie man Qualitätsprobleme identifiziert und löst — 73
  2. Wie man die Zufriedenheit der Kunden sichert — 76
  3. Wie man Resultate bewertet — 79
  4. Wie man Qualitätsleistungen belohnt — 82
  5. Wie man Qualitätsgruppen zusammenstellt — 83
  6. Wie man Ausbildung in Sachen Qualität bietet — 89
  7. Wie man die Kosten der Qualität bewertet — 92
  8. Wie Sie Ihr Qualitätsprogramm erstellen — 95
  9. Wie Sie Ihr Qualitätsprogramm unterstützen — 97
10. Wie man Qualitätsarbeit leistet — 100

Teil 7: Ein Plädoyer für die Problemvorbeugung — 101
Vorbeugen ist besser ... — 102

Teil 8: Zum Abschluß: Ein Überblick — 107

Vorwort

Qualität ist ein Standard, anhand dessen wir unsere Arbeit beurteilen. Sie gilt als Maßstab dafür, ob wir das erreicht haben, was wir uns vorgenommen haben, und sie ist der Standard, an dem Kunden Produkte und Dienstleistungen messen. Um Qualitätsstandards zu erstellen, brauchen wir einen Ausgangspunkt und einige sinnvolle Kriterien. Damit ein Qualitätsprogramm begeistert unterstützt wird, muß es sich lohnen und auch Spaß machen. **Qualität am Arbeitsplatz** schafft den Durchbruch, da hier die Grundbegriffe der Qualität in einer leichtverständlichen Form dargelegt werden, die Management und Angestellten dabei hilft, einfache, effektive Qualitätsstandards zu definieren und zu erreichen.

Dieses Buch ist für alle berufstätigen Menschen gedacht. Als Mitarbeiter leisten Sie einen signifikanten Beitrag für Ihr Unternehmen, wenn Sie hohe persönliche Standards in Ihren Job einbringen. Dieses Buch hilft Ihnen herauszufinden, welche Rolle die Qualität für Sie sowohl in Ihrem Privatleben als auch im beruflichen Bereich spielt.

Wenn Sie leitender Angestellter oder Manager sind, so werden Sie eine schrittweise Anleitung und eine klare Definition des Begriffes Qualität vorfinden. Sie allein können die Führung und die Unterstützung bieten, die für ein schlagkräftiges Qualitätsprogramm notwendig sind. **Qualität am Arbeitsplatz** hilft Ihnen und Ihren Kollegen, realistische Maßstäbe für Abteilungs- und Unternehmensziele zu setzen.

Qualität am Arbeitsplatz befaßt sich mit Qualität sowohl im persönlichen als auch im beruflichen Bereich. Die Kapitel 1 bis 3 helfen dem Leser, persönliche Qualitätsmaßstäbe und -ziele zu definieren, die seine berufsbezogenen Qualitätsstandards unterstützen. Die Kapitel 4 bis 7 gehen näher auf berufliche Aspekte ein.

In Kapitel 1 wird der Begriff Qualität definiert; weiters werden Beispiele für Qualität gebracht, und es wird erläutert, warum sie so wichtig ist. Qualität beginnt bei jedem einzelnen, und in Kapitel 2 erhalten Sie Gelegenheit, Ihre persönlichen Qualitätsstandards zu bewerten. Wie haben sie sich entwickelt? Warum sind sie wichtig? Welchen Bezug haben sie zu Ihrer Arbeit? Kapitel 3 befaßt sich mit den immateriellen Aspekten der Qualität – Engagement, Kompetenz und Kommunikation. Um Qualitätsstandards aufzustellen, müssen wir über Ziel und Zweck unserer eigenen Jobs und auch der Arbeit unseres Unternehmens Bescheid wissen.

Kapitel 4 identifiziert Organisationsziele und gibt Tips für das Festlegen von Qualitätszielen, die auf unseren Arbeitszielen basieren. In Kapitel 5 finden Sie einen Sieben-Stufen-Plan, den Sie und Ihre Abteilung benützen können, um Perfektionsstandards (kurz P.S. genannt) festzulegen, die definieren, was als Qualitätsarbeit gelten kann. (Was für einen bestimmten Job oder eine Dienstleistung Qualität ist, muß nicht unbedingt auch für einen anderen Job oder eine andere Dienstleistung gelten. Ein Industriediamant beispielsweise muß nicht annähernd so perfekt sein wie ein Diamant, der zu einem Schmuckstück verarbeitet wird. Qualität ist vom Zweck abhängig.)

→ Vorwort

Kapitel 6, das »Wie man …«-Kapitel, enthält wertvolle Richtlinien für Bereiche, in denen Qualität von Bedeutung ist, darunter Lösen von Problemen, Zufriedenstellen des Kunden, Messen von Resultaten, Anerkennen von Qualitätsarbeit, Einrichten von Qualitätsgruppen, Anbieten von Schulungen, Bewerten der qualitätsbedingten Kosten, Erstellen eines Qualitätsprogramms und Unterstützen Ihres persönlichen Qualitätsprogramms. In Kapitel 7 geht es um Fehlervermeidung und die Zielvorgabe, eine Arbeit lieber gleich beim erstenmal richtig auszuführen.

Dieses Buch ist für Leute gedacht, die sich Gedanken über Qualität machen. Natürlich hat niemand etwas gegen Qualität einzuwenden, aber es kann frustrierend sein, persönliche und arbeitsbezogene Richtlinien zu implementieren. **Qualität am Arbeitsplatz** gibt eine Antwort auf folgende Frage: Wie können wir Qualitätsmaßstäbe setzen, die persönlich befriedigend sind und die uns helfen, zu dem beabsichtigten Zeitpunkt das zu tun, was wir uns vorgenommen haben, und zwar in einer Art und Weise, die den Bedürfnissen unserer Kunden entspricht?

Wenn Qualität Ihr Ziel ist, dann können wir Ihnen helfen. Wir hoffen, daß Sie Freude an unserem Buch haben werden. Blättern Sie einfach um, und fangen Sie an.

Diane Bone   *Rick Griggs*

Über dieses Buch

Qualität am Arbeitsplatz ist anders als die meisten anderen Bücher. Es unterscheidet sich von anderen Selbsthilfebüchern in einer ganz besonderen Art und Weise. Es ist kein Buch zum Lesen, sondern eines zum Benützen. Der einzigartige, auf die individuelle Lerngeschwindigkeit des Lesers abgestimmte Charakter dieses Buches und seine vielen Arbeitsblätter ermutigen den Leser, sich aktiv zu beteiligen und einige neue Ideen sofort auszuprobieren.

Die einfachen und doch fundierten Techniken, die hier vorgestellt werden, werden Ihnen helfen zu verstehen, was Qualität bedeutet und warum persönliche Qualitätsstandards unentbehrlich sind, wenn Sie beruflich und privat erfolgreich sein wollen.

Qualität am Arbeitsplatz (und andere hinten in diesem Buch angeführte Bücher) kann auf verschiedenste Weise erfolgreich eingesetzt werden. Nachstehend einige Möglichkeiten:

- *Selbststudium*. Da das Buch für das Selbststudium konzipiert ist, brauchen Sie nur einen ruhigen Platz, Zeit und einen Schreibstift. Wenn Sie sämtliche Aktivitäten und Übungen mitmachen, sollten Sie nicht nur wertvolles Feedback, sondern auch praktische Anregungen zur persönlichen Weiterentwicklung erhalten.
- *Workshops und Seminare*. Das Buch eignet sich sehr gut als Vorbereitung für Workshops und Seminare. Mit dem grundlegenden Wissen, das es vermittelt, verbessert sich die Qualität der Teilnahme, so daß während des Seminars mehr Zeit für Konzepterweiterungen und -anwendungen bleibt. Es ist auch sehr wirksam, das Buch zu Beginn einer Seminarstunde auszuteilen und es die Teilnehmer dann durcharbeiten zu lassen.
- *Fernstudium*. Personen, die nicht die Möglichkeit haben, direkt an Trainingskursen teilzunehmen, können Bücher zugesandt werden.

Es gibt noch zahlreiche andere Möglichkeiten für die Verwendung dieses Buches, je nach Zielen, Programmen oder Vorstellungen des Benutzers.

Eines ist sicher – auch wenn Sie das Buch bereits gelesen haben, werden Sie immer wieder einen Blick hineinwerfen und sich damit befassen.

Über die Autoren

Diane Bone entwickelt und leitet für Großunternehmen quer durch die Vereinigten Staaten, Kanada und Europa Seminare über Zuhören, Schreiben und Sprechen. Sie ist die Autorin des Bestsellers »The Business of Listening« und ein Mitglied der National Speaker`s Association.

Rick Griggs ist der Begründer und Eigentümer des Manfit-Management Fitness Systems, einer Firma, die sich auf Managementschulungen und Persönlichkeitsentwicklung spezialisiert hat. Er ist Autor des anerkannten neuen Buches »Professional Ballance« und leitet Kurse in den gesamten Vereinigten Staaten.

Danksagungen

Wir wollen den nachstehend angeführten Personen für ihre wertvollen Beiträge zu diesem Buch herzlich danken. Ihre Unterstützung hat viel zu seinem Gelingen beigetragen und gleichzeitig unser Leben bereichert. Nachstehend angeführte Personen haben durch ihr Beispiel bewiesen, daß die Ratschläge in **Qualität am Arbeitsplatz** wirklich funktionieren!

John Asquith – Student Researcher, Stanford University
Catherine Ayers – Director, Office of Business, Industry & Government, De Anza College, Cupertino CA
Dave Burgett – Project Engineer, Teledyne McCormick Selph, Hollister, CA
Ed Diehl – Corporate Quality Manager, Triad Systems Corporation, Livermore, CA
Rick Gilbert – President, Frederick Gilbert & Assoc., Redwood City, CA
Patricia Goelzer – Manager, Plan Administration and Retirement Services, Weyerhaeuser Company, Tacoma, WA
Richard Gordon – Director, Career Builders, Ltd., Brisbane Australia
Jon Green – Director of Quality, Pacific Bell, San Ramon, CA
Walt Hurd – Chairman, Harrington, Hurd & Squires, Los Gatos, CA
Patricia Lowell – President, Plaza Bank of Commerce, San Jose, CA
Wendy Coleman Lucas – Assistant Editor, Levi Strauss, Quality Enhancement Administrator, San Francisco, CA
Joe Shea – Vice President, Triad Systems Corporation, Livermore, CA
Terry Stamps – Training Manager, Hewlett-Packard Corporation, Sunnyvale, CA
Greg Swartz – President, Swartz & Associates, Mountain View, CA

Unser spezieller Dank gilt Tom und Louise Clifton, Diane Bones Eltern, die uns permanente Beispiele dafür waren, was hohe persönliche Standards bedeuten.

Teil 1:
Qualitätsbewußtsein

1.1 Qualität als Standard

◆ *Es gibt kein Limit für die erreichbare Qualität –
nicht einmal bei den einfachsten Arbeiten.*
Dave Thomas

Qualität ist ein Standard, ein Ziel oder ein Paket von Anforderungen. Sie ist ein meßbares Ziel und kein vages positives Gefühl, eher ein ständiges Streben nach Verbesserung als ein bestimmter Grad an Vollkommenheit. Qualität ist ein Resultat. Wir können Qualität nicht »besitzen«, wir können sie nur verwirklichen. *Qualität ist ein Perfektionsstandard, der uns erlaubt zu entscheiden, ob wir das getan haben, was wir uns vorgenommen haben, und zwar zu dem geplanten Zeitpunkt und auf eine Art und Weise, die den Bedürfnissen unserer Kunden entspricht.* Waren die Kunden mit unseren Dienstleistungen oder unseren Produkten zufrieden? Wenn dem so ist, dann können wir sagen, daß wir unsere Qualitätsziele erreicht haben.*

Dr. J. M. Juran sagt, Produktionsqualität bedeute »Eignung für den Zweck«. Im Dienstleistungssektor, wo oft eher subjektive Maßstäbe gelten, ist eine Qualitätsdienstleistung etwas, was wert ist, ausprobiert zu werden. Anders ausgedrückt: Arbeitnehmer haben zugestimmt, Qualität aktiv anzustreben und die Resultate anhand von Kunden-Feedback zu beurteilen. Die Beurteilung »Eins plus« durch interne und externe Kunden ist der ultimative Qualitätstest.

---

* Anmerkung: Auf Seite 107 ff. befindet sich ein Glossar mit weiteren qualitätsbezogenen Begriffen.

⇒ *Qualität als Standard*

Checkliste zum Qualitätsbewußtsein

Qualität beginnt mit dem Bewußtsein. Sie haben vielleicht schon sehr früh ein Qualitätsbewußtsein als Konsument entwickelt. Erinnern Sie sich, wie Ihnen die mintfarbene Zahnpasta besser gefiel als die weiße? Später trafen Sie viele Entscheidungen fürs Leben, bei denen Qualität ein Kriterium war: wo Sie lebten und arbeiteten, welche Freunde Sie sich wählten, welchen Lebensstil Sie bevorzugten. Denken Sie über jede der folgenden Aussagen nach, und bewerten Sie sie mit »richtig« oder »falsch«; Ihr derzeitiges Qualitätsbewußtsein bei der Arbeit und in Ihrem Privatleben soll Ihnen hierbei als Grundlage dienen. Beachten Sie die Kommentare der Autoren auf der nächsten Seite.

	richtig	falsch
1. Qualität bedeutet eher das prophylaktische Verhindern von Problemen als das Kitten von Scherben im nachhinein	O	O
2. Qualität kann immer verbessert werden	O	O
3. Die »Halt-es-einfach«-Methode ist der beste Weg, Qualität zu garantieren	O	O
4. Der wichtigste Beweggrund für die Erstellung eines arbeitsbezogenen Qualitätsprogramms ist die Zufriedenheit der Kunden	O	O
5. Ständig auf die Qualität zu achten, ist nicht notwendig	O	O
6. Bei der Schaffung eines qualitätsorientierten Umfelds sind die ersten Eindrücke unbedeutend	O	O
7. Qualität betrifft sowohl die kleinen als auch die großen Dinge	O	O
8. Um erfolgreich zu sein, muß ein Qualitätsprogramm vom Management unterstützt werden	O	O
9. Qualitätsstandards lassen sich am besten durch Mund-zu-Mund-Propaganda verbreiten	O	O
10. Die meisten Leute wollen Qualitätsarbeit leisten	O	O

⇒ Qualität als Standard

	richtig	falsch
11. Kunden achten wenig auf Qualität	O	O
12. Ein Qualitätsprogramm muß mit den Zielen und Gewinnplänen des Unternehmens übereinstimmen	O	O
13. Qualität bedeutet Übereinstimmung mit den Standards	O	O
14. Qualität sollte in allen Bereichen des geschäftlichen Lebens eine Rolle spielen	O	O
15. Persönliche und geschäftliche Qualitätsstandards haben wenig gemeinsam	O	O
16. Qualität erfordert Engagement	O	O
17. Qualität bezieht sich gleichermaßen auf den Prozeß und auf das Ziel	O	O
18. Leute, die über Qualität sprechen, sind Idealisten	O	O

Antworten der Autoren:

1. bis 4. R, 5. F (Qualität ergibt sich nicht von selbst. Um ein erfolgreiches Qualitätsprogramm aufrechtzuerhalten, sind Zeit, Energie und Kreativität erforderlich.) 6. F (Der erste Eindruck ist oft entscheidend für den Verkauf einer Dienstleistung oder eines Produkts. Qualität ist bis zum kleinsten Detail hinunter wichtig, und sie muß stimmen – vom ersten Augenblick an.) 7. und 8. R, 9. F (Qualitätsstandards müssen offiziell von der Unternehmensspitze herausgegeben und in schriftlicher Form niedergelegt werden. Auch die Arbeitnehmer sollten den Richtlinien zustimmen.) 10. R, 11. F (Heutzutage sind die Kunden anspruchsvoll und fordernd und legen ebensoviel Wert auf die Qualität wie auf den Preis.) 12. bis 14. R, 15. F (Persönliche und geschäftliche Qualitätsstandards sind untrennbar miteinander verbunden. Leute mit hohem persönlichem Standard sind oft am besten als Leiter berufsbezogener Qualitätsprogramme geeignet.) 16. und 17. R, 18. F (Leute, die über Qualität sprechen, sind Realisten. Der einzige Weg zum Erfolg führt heutzutage über beständige Verbesserung der Qualität.)

→ Qualität als Standard

Wo Rauch ist ...

Stellen Sie sich vor, was passieren würde, wenn ein Notdienst nicht auf Qualität achtete. Die folgende Szene verdeutlicht, wie sehr wir auf dem öffentlichen Sektor auf Fachkräfte angewiesen sind, die der Qualität höchste Priorität einräumen.

Die Alarmglocke der Feuerwehrzentrale Grabenstraße läutete schrill, während Patrick langsam aufwachte. Es war drei Uhr morgens, und zwei Kilometer entfernt geriet in einem leeren Lagerhaus gerade ein Feuer der Alarmstufe Zwei außer Kontrolle. Die Leute der diensthabenden Feuerwehrmannschaft kletterten langsam aus ihren warmen Betten und tasteten nach ihren Mänteln und Stiefeln. »Wo sind meine Handschuhe?« überlegte Patrick, während er langsam zum Einsatzwagen Nr. 1 ging. Kürzlich erst hatte er bemerkt, daß die Batterie des Wagens nicht in Ordnung war. »Ich sollte das melden«, dachte Patrick träge.

Um das Ganze noch schlimmer zu machen, versuchte Patrick, am Einsatzwagen einen Wasserschlauch zu befestigen. Ein loser Stutzen fiel vom fixierten Wasserschlauch und krachte auf den Boden. »Ich sollte das reparieren«, murmelte er, während er sich ins Führerhaus setzte und den anderen zurief, daß sie aufsteigen sollten. Die Mannschaft schimpfte und brummte, während sie auf den Wagen kletterte. Der Neuling Paul war nirgends zu sehen.

»He, Paul, wir müssen fahren!« rief Patrick. Paul tauchte auf; er machte einen ziemlich verschlafenen und verwirrten Eindruck. »Ich habe gedacht, es wäre wieder ein Fehlalarm«, meinte er.

»Komm schon, Paul, das ist ein echter Einsatz«, rief Patrick, leicht verärgert. Patrick ließ den Motor an, der Motor des roten Feuerwehrwagens begann unentschlossen zu stottern, und dann starb er ab. »Ich sollte das reparieren lassen«, brummte Patrick. »Okay, alle Mann, es gibt Probleme mit der Batterie. Alles umladen auf Einsatzwagen Nr. 2.«

Wagen Nr. 2 fuhr langsam aus dem Feuerwehrdepot. Paul lehnte unsicher am Sicherheitsschranken und kratzte sich am Kopf. »Ich war mir ganz sicher, dies hier sei ein Fehlalarm.«

⟶ Qualität als Standard

Analysieren Sie dieses Beispiel

Wäre diese Geschichte wahr, welche Chancen hätte die Feuerwehrmannschaft gehabt, das Feuer zu löschen, bevor es das Gebäude vollkommen zerstören konnte? Welche Qualitätsprobleme hat die Crew der Grabenstraße Ihrer Meinung nach? Kreuzen Sie in der nachstehenden Liste an, was nach Ihrem Dafürhalten zutrifft.

- Keine eindeutigen Richtlinien für Qualitätsstandards ○
- Mangelhafte Wartung ○
- Mangelnder Teamgeist ○
- Unzureichende Ausbildung ○
- Fehlendes Bewußtsein der Dringlichkeit ○
- Mangel an Kommunikation ○
- Desinteressierte Führung ○
- Kein präventives Denken ○
- Anderes:

  _____ ○

  _____ ○

  _____ ○

Wenn Sie alle Antworten angekreuzt haben, dann liegen Sie richtig! Glücklicherweise gibt es die Feuerwehrmannschaft der Grabenstraße nicht. Ihre Probleme sind jedoch durchaus real, und sie existieren in vielen Unternehmen, wo man noch nicht qualitätsbewußt arbeitet. Man muß verstehen, was Qualität bedeutet, und erkennen, warum die Einführung eines Qualitätsprogramms so wichtig ist.

1.2 Die »Wir-sind-auch-nicht-schlechter-als-andere«-Falle

In »A Passion for Excellence«* erzählt Tom Peters folgende verblüffende Geschichte:
Qualität hat mit Leidenschaft und Stolz zu tun. Vor einiger Zeit fuhr Tom gemeinsam mit Managern einer größeren Einzelhandelskette auf ein zweitägiges Seminar. Im Verlauf des Meetings ging es immer wieder darum, welches Serviceniveau man sich leisten könne. Als Tom gerade eine Schimpftirade über das miserable Serviceniveau im Einzelhandelsbereich im allgemeinen losließ, stand ein Top-Manager vor vierzig seiner Kollegen und Mitarbeiter auf und unterbrach Tom: »Tom, setz dich hin, und beruhige dich. Oder halte dich aus dieser Sache heraus. Wir müssen uns heute in einer sich rasch verändernden, komplexen Welt mit sehr starker Konkurrenz behaupten. *Und wir sind auch nicht schlechter als alle anderen.*«

Wir sind nicht schlechter als die anderen

Um zu verhindern, daß man in diese »Wir-sind-auch-nicht-schlechter«-Falle tappt, müssen die Einzelpersonen und Firmen die Qualität realistisch betrachten. Sie ist kein unerreichbarer Traum, sondern eine alltägliche Realität, die von Tausenden Menschen und Firmen praktiziert wird, die erkennen, daß es sich lohnt, Qualitätsstandards aufzustellen und sich daran zu halten.

---

* A Passion for Excellence, Tom Peters, 1985, Random House, New York.

1.3 Was Qualität ist und was nicht

Es folgt eine Liste von Begriffen, die beschreiben, was Qualität ist und was nicht. Verwenden Sie diese Liste, um Ihre persönliche und berufliche Antwort auf die Herausforderung der Qualität zu finden. Fügen Sie zum Schluß Ihre eigenen Ideen hinzu.

Qualität ist:	Was Qualität nicht ist:
Eine Philosophie	Eine Schnellkur
Erfüllung von Perfektionsstandards	Güte
Vorbeugung	Reine Inspektion
Einhaltung spezifischer Richtlinien	Eine »Nahe-genug«-Haltung
Ein lebenslanger Prozeß	Ein Motivationsprogramm
Engagement	Zufälliges Zusammentreffen
Vom Topmanagement unterstützt	Hie und da ausprobiert
Eine positive Haltung	Eine Wachhundmentalität
Übereinstimmung	Machen, was man will
Bereitwillige Kommunikation	Isolierte Daten
Verstehen des Arbeitsverlaufes	Raten
Identifizieren von Fehlerquellen	Am fertigen Produkt Fehler entdecken

Ihre Ideen:

_____
_____
_____
_____
_____

Ihre Ideen:

_____
_____
_____
_____
_____

1.4 Wozu sich Sorgen über Qualität machen?

Warum sollte unsere Firma ein Qualitätsbewußtsein entwickeln? Weshalb sollten wir ein Qualitätsprogramm einführen? Welche Vorteile bringt es, von der Zufallsmethode des »Brandlöschens« abzugehen und sich einem vorbeugenden, planvollen System zur Produktion von Qualitätsgütern und -dienstleistungen zuzuwenden?

Notieren Sie in den untenstehenden freien Zeilen alle möglichen Gründe, die Ihnen hierfür einfallen. Jene, die Ihnen am wichtigsten erscheinen, versehen Sie mit einem ✘. Dann blättern Sie um, und lesen Sie »Zwanzig Gründe, ein Qualitätsprogramm einzuführen«. Kreuzen Sie jene an, die Sie in Ihre Liste aufnehmen wollen.

Gründe, ein Qualitätsprogramm einzuführen

Wichtig für mich

_____ _____ ○
_____ _____ ○
_____ _____ ○
_____ _____ ○
_____ _____ ○
_____ _____ ○
_____ _____ ○

Qualitätsbewußtsein

1.5 Zwanzig Gründe, ein Qualitätsprogramm einzuführen

                                                                                                                                         Wichtig für mich

1. Rentabilität ○
2. Rezessionssicherheit ○
3. Die Resultate genießen ○
4. Persönliche Qualitätsstandards untermauern ○
5. Das Vertrauen der Kunden erhalten ○
6. Kundenloyalität aufbauen ○
7. Die Zufriedenheit der Kunden fördern ○
8. Die Vitalität des Unternehmens aufrechterhalten ○
9. Die kreativen Energien der Arbeitnehmer nützen ○
10. Einen guten Ruf entwickeln ○
11. Die menschliche Würde achten ○
12. Die Kosten senken ○
13. Mitarbeiter halten ○
14. Die Produktivität steigern ○
15. Einen Beitrag für die Gesellschaft leisten ○
16. Eine klare Vision für das Unternehmen schaffen ○
17. Die Technologie verbessern ○
18. Die Probleme effektiv lösen ○
19. Konkurrenzfähigkeit steigern ○
20. Eine interne Zusammenarbeit entwickeln ○

Ihre Ideen:

_____ _____ ○

_____ _____ ○

_____ _____ ○

1.6 Die Qualität als Herausforderung

Qualität ist ein schwer zu definierendes Ziel. Wenn Sie einmal ein Qualitätsprodukt erzeugt oder Qualitätsdienstleistungen angeboten haben, müssen Sie dieses Niveau aufrechterhalten und verbessern. Qualität ist ein bewegliches Ziel. Die Konkurrenz wird stärker, die Kunden stellen höhere Ansprüche und verlangen Veränderungen, und die Ressourcen verknappen sich. Kreuzen Sie jene Vorschläge an, von denen Sie glauben, daß sie Ihnen helfen werden, Ihre persönlichen und beruflichen Qualitätsziele zu erreichen.

- So viel über Qualität, wie nur möglich, lernen ○
- Qualitätsstandards auf geeignete Arbeitsprodukte anwenden ○
- Andere rügen, wenn die Qualität schwankt ○
- Mit anderen zusammenarbeiten, um die eigenen Qualitätsziele zu erreichen ○
- Sich keine Sorgen über kleine Inkonsequenzen machen ○
- Wissen, welcher Bezug zwischen den eigenen Qualitätszielen und dem ideellen Leitbild der Firma besteht ○

Qualitätsbewußtsein

⟹ Die Qualität als Herausforderung

Tragen Sie in die untenstehende Liste einige Qualitätsherausforderungen aus Ihrem beruflichen oder privaten Leben ein, und schreiben Sie ein oder zwei Lösungen daneben, die Ihnen helfen, diese Herausforderungen zu bewältigen.

Herausforderung	Lösung(en)

Teil 2:
Persönliche Qualitätsstandards

2.1 Sie selbst sind der Maßstab!

> ◆ *Qualität bedeutet, die Möglichkeit von Perfektion und praktisch unbegrenzten Verbesserungen tatsächlich zu leben; sie tagein, tagaus zu leben, Jahrzehnt für Jahrzehnt.*
> Tom Peters

Ihre persönlichen Qualitätsmaßstäbe sind es, die Sie sagen lassen: »Toll, wie diese Kellnerin ihre Arbeit macht!« Dieselben Maßstäbe sind auch die Ursache dafür, daß Sie denken: »Wenn ich an dieser Theke noch einmal so miserabel bedient werde, komme ich hier nie wieder her!«

Wohin Sie auch fahren – immer, wenn Sie Mittag essen gehen oder einen Kauf tätigen, werden Sie Ihre persönlichen Qualitätsstandards anwenden. Wir alle urteilen schnell über Straßenarbeiter: einige arbeiten hervorragend, während andere nur herumsitzen. Wir erzählen unseren Kollegen, daß die Bedienung in der neuen Kantine fürchterlich, das Roastbeef aber köstlich sei. Und jedesmal, wenn wir Strümpfe, Hemden, Schuhe oder Schmuck kaufen, achten wir genau darauf, wie wir von den Verkäufern bedient werden.

In all diesen Fällen richten wir uns nach unseren persönlichen Qualitätsstandards, um zu beurteilen, ob andere Leute die Dinge tun, die sie angekündigt haben, und zwar auch zum festgesetzten Termin.

> ◆ *Definition: Persönliche Qualitätsstandards sind eine strenge Prüfung, die wir uns und anderen auferlegen, um festzustellen, ob unsere Leistungen und unsere Art des Handelns unseren ausdrücklichen oder stillschweigenden Ankündigungen entsprechen.*

Albert Einstein sagte: »Wer in kleinen Dingen mit der Wahrheit sorglos umgeht, dem kann man auch bei wichtigen Angelegenheiten nicht trauen.« Das mag erschreckend klingen; im ersten Augenblick denken wir vielleicht, daß jede kleine Angelegenheit in unserem Leben äußerst wichtig ist und daß jedes Detail perfekt sein muß. Wie kann man in allen Bereichen auf dem laufenden bleiben und trotzdem bei allem und jedem ein maximales Leistungsniveau sicherstellen? Die Antwort ist: *Nehmen Sie den Kampf auf, und gehen Sie so vor, wie Sie es sich vorgenommen haben.*

➡ Sie selbst sind der Maßstab!

Was denken Sie über die nachstehend aufgelisteten persönlichen Qualitätsstandards? Nehmen Sie sich den Gegenstand oder das Thema des Standards vor, und beachten Sie auch die Beurteilung des *Niveaus der Ausführung*.

Vergleichen Sie diese Standards mit Ihren eigenen, und überprüfen Sie, ob diese gleich, höher oder niedriger sind.

Meine Standards sind:

	höher	gleich	niedriger
1. Zu allen Verabredungen mit maximal *5 Minuten* Verspätung kommen	O	O	O
2. Familienmitglieder *niemals* in Anwesenheit anderer Leute kritisieren	O	O	O
3. Tempolimits um nicht mehr als *15 km/h* überschreiten	O	O	O
4. *Niemals* in der Nähe von Schulen oder Kindern zu schnell fahren	O	O	O
5. Sich mindestens *zweimal pro Woche* sportlich betätigen	O	O	O
6. Außerhalb des Hauses *ausschließlich* ordentliche, saubere Kleidung tragen	O	O	O
7. Schecks nicht früher ausstellen als höchstens *einen Tag* bevor die entsprechende Summe auf dem Konto ist	O	O	O
8. Rückrufe innerhalb *einer Stunde* nach Erhalt der Nachricht tätigen	O	O	O
9. *In Gesellschaft gelegentlich* mit attraktiven Männern/Frauen flirten	O	O	O

Persönliche Qualitätsstandards

2.2 Werden Sie sich über Ihre persönlichen Standards klar

Vielleicht haben Sie bemerkt, daß einige dieser persönlichen Qualitätsstandards Ihnen Unbehagen bereiten. Sie haben sie bereits mit Ihren eigenen persönlichen Erwartungen verglichen *und* sich bereits ein Urteil darüber gebildet, ob sie zu strikt oder zu milde sind.

Wenn Ihre persönlichen Richtlinien sehr streng sind, haben Sie vielleicht folgendes gedacht:

- 15 km/h über dem Tempolimit zu fahren ist illegal, und ich würde es nicht tun.
- Sich nur zweimal in der Woche sportlich zu betätigen, ist für das Herz-Kreislauf-System zuwenig.
- Wie kann man nur daran *denken*, einen Scheck zu unterzeichnen, *bevor* das Geld auf das Konto eingezahlt wurde?
- Man sollte niemals flirten!

Wenn Ihre persönlichen Richtlinien nicht so streng sind, haben Sie möglicherweise etwa folgendes gedacht:

- Zum Teufel mit der Geschwindigkeitsbegrenzung, ich fahre einfach 30 km über dem Limit (mein Radardetektor macht's möglich!).
- Mich zweimal im Monat sportlich zu betätigen, ist mehr als genug (ich könnte mich sonst übernehmen!).
- Wenn ein Scheck zurückgewiesen wird, kann es der Inhaber ein bißchen später nochmals versuchen – ich bin doch kein Betrüger!
- Flirts sind die Würze des Lebens! Ich kann nichts Schlechtes daran finden, auch nicht im Berufsleben.

Werden Sie sich über Ihre persönlichen Standards klar!

■➡ *Werden Sie sich über Ihre persönlichen Standards klar*

2.2.1 Bereiten Sie sich auf die Entwicklung persönlicher Standards vor

Listen Sie Ihre verschiedenen Lebensbereiche auf

Auch wenn es zunächst sonderbar klingen mag: Notieren Sie alle Bereiche, die für Ihr Leben wichtig sind. Beispiele: Gesundheit, Familie, Hobbys, Finanzen, Freizeit, Reisen, persönliche Entwicklung, Beziehungen, Karriere, Bildung, Lesen, Schreiben.

_____   _____   _____

_____   _____   _____

_____   _____   _____

_____   _____   _____

Reihen Sie Ihre verschiedenen Lebensbereiche nach Priorität

Indem Sie Ihre Lebensbereiche ordnen, geben Sie ihnen jeweils einen gewissen Stellenwert. Vielleicht ziehen Sie es vor, sich nur auf einige bestimmte Bereiche zu konzentrieren.

1. _____   2. _____   3. _____

4. _____   5. _____   6. _____

7. _____   8. _____   9. _____

10. _____   11. _____   12. _____

Notieren Sie das Ziel oder das Endergebnis

Nun stellen Sie sich vor, wie Ihr Leben aussehen wird, wenn Ihre 4 bis 5 wichtigsten Bereiche voll entwickelt sind. Einige Ihrer persönlichen Lebensbereiche werden vielleicht gewisse Wertbegriffe einschließen (zum Beispiel Ehrlichkeit, Loyalität, Vertrauen). Beispiele für Ziele: 1. Ehrliche/offene Kommunikation in der Familie, 2. Gesundheit/Fitneß, 3. neue Karrierewege.

Persönliche Qualitätsstandards

➡ Werden Sie sich über Ihre persönlichen Standards klar

Lebensbereich: Endergebnis/Ziel:

1. _____   _____

2. _____   _____

3. _____   _____

4. _____   _____

5. _____   _____

Beschreiben Sie spezifische Aktivitäten zur Erreichung jedes einzelnen Ziels

Um die Endergebnisse zu erreichen, müssen Sie Schritte unternehmen. Anders ausgedrückt bedeutet das, daß Sie alle Mittel zum Zweck auflisten. In jenen Fällen, in denen kein spezielles Endergebnis angepeilt wird, sind die Aktivitäten bzw. die Mittel das wichtigste.

Zur Erinnerung: Das Ziel ist das *Endergebnis*, und die Aktivitäten die *Mittel*, die Ihnen helfen, das Ziel zu erreichen.

Beispiel: 1. Ziel: *Die Erlangung meines College-Abschlusses.*
           Aktivitäten: *a) Lehrveranstaltungen inskribieren.*
                           b) Vorlesungen besuchen.
                           c) Prüfungen ablegen.

1. Ziel: _____

Aktivitäten: a) _____

               b) _____

               c) _____

2. Ziel: _____

Aktivitäten: a) _____

               b) _____

               c) _____

➡ *Werden Sie sich über Ihre persönlichen Standards klar*

3. Ziel: _____

Aktivitäten: a) _____

b) _____

c) _____

4. Ziel: _____

Aktivitäten: a) _____

b) _____

c) _____

5. Ziel: _____

Aktivitäten: a) _____

b) _____

c) _____

2.2.2 Meine persönlichen Standards

◆ *Ich halte nichts von der Aufstellung allgemeingültiger Standards, denen ein großer Prozentsatz der Leute nicht gerecht werden kann.*

Margaret Mead

Schreiben Sie Ihre ersten Gedanken zur Erstellung persönlicher Standards und Richtlinien nieder. Machen Sie sich keine Gedanken darüber, ob die Ideen perfekt durchdacht oder ob sie schön formuliert sind. Notieren Sie einfach einige Bereiche, die Ihnen wichtig erscheinen, und halten Sie auch fest, wie strikt Sie in jedem Bereich sein wollen. *Entwickeln Sie diese Standards auf der Basis jener Ziele und Aktivitäten, die Sie auf den letzten Seiten als für Sie wichtig aufgelistet haben. Ignorieren Sie die Spalte »P-D-D-Optionen für Qualität«. Diese werden Sie später ausfüllen.*

⇒ *Werden Sie sich über Ihre persönlichen Standards klar*

Beispiele:
A. Nie mehr als eine Vorlesung pro Semester versäumen.
B. Bei allen Prüfungsarbeiten mindestens Durchschnittsnoten erreichen.

		P-D-D-Optionen für Qualität		
		P	D	D
1. _____		O	O	O
2. _____		O	O	O
3. _____		O	O	O
4. _____		O	O	O
5. _____		O	O	O
6. _____		O	O	O
7. _____		O	O	O
8. _____		O	O	O
9. _____		O	O	O
10. _____		O	O	O

Sie werden feststellen, daß Sie in Ihrem Privatleben tatsächlich bestimmte Standards haben, aber auch eine Vorstellung davon, wie strikt Sie diese Ihrem Gefühl nach einhalten müssen.

Bevor wir das Qualitätsniveau für jeden Standard durchdiskutieren, lassen Sie uns einen Blick auf einige Beispiele für persönliche Standards werfen und einen Schnelltest zur Bewertung der Qualität durchführen. Wir kommen später wieder auf diese Seite zurück.

➡ Werden Sie sich über Ihre persönlichen Standards klar

2.2.3 Ist das persönliche Qualität? Sie entscheiden!

Beispiel 1: Richard biegt in eine saubere und anscheinend gut geführte Tankstelle ein, um sein Auto aufzutanken. Als er einfährt, sieht er, daß eine Frau gerade fertiggetankt hat, und er fährt zu derselben Zapfsäule mit unverbleitem Benzin.

Es ist niemand in der Nähe, also steigt er über eine große Wasserpfütze und beginnt zu tanken. Als der Tank halb voll ist, kommt zufällig der Tankwart vorbei und sagt: »Halt, mein Herr – Sie sollten etwas vorsichtiger sein, die Pfütze, in der Sie stehen, ist keine Wasserpfütze ... es ist Benzin. Bei einer Dame vor Ihnen ist der Benzinschlauch geplatzt ... das hätten Sie sehen sollen, wie das Benzin herausgespritzt ist!«

Richard fragt: »Na gut, und wieso säubern Sie die Stelle nicht? Der Kunde ist verärgert, wenn er beim Tanken in eine Benzinpfütze tritt!« Der Tankwart antwortet: »Ach, das verdunstet sowieso. Ihre Tankrechnung macht vierzigfünfundsiebzig.«

Was denken Sie über:

Die persönlichen Standards dieses Tankwarts:

_____

Ist hier Qualität ein Thema?

_____

Wie würde Ihr Standard aussehen?

_____

Beispiel 2: Martin arbeitet in einem Hochhaus. Früher konnte man durch sein Fenster auf einen Park und auf ein altes Bürogebäude blicken. Das Bürogebäude wurde niedergerissen, um Platz für eine neue Stadthalle und ein Kulturzentrum zu schaffen. Die täglichen Baufortschritte faszinieren Martin. Er ist aber auch über so manche Dinge verwundert, die die Arbeiter genau vor den Fenstern eines zwölfstöckigen Hochhauses machen, wo Dutzende von Leuten sie sehen könnten!

Szene 1: Martin schaut von seinem Computer auf und traut seinen Augen nicht. Er sieht einen Arbeiter, der am hellichten Tag seine Hose auszieht! Der Arbeiter wirft die Hose achtlos auf einen Lastwagen und greift nach seinem Overall. Dann schlüpft er seelenruhig in seinen Overall und denkt nicht im geringsten daran, daß

Persönliche Qualitätsstandards

➠ *Werden Sie sich über Ihre persönlichen Standards klar*

möglicherweise die Augen der Büroleute aus allen zwölf Stockwerken des gegenüberliegenden Hauses auf ihn gerichtet sind.

Was denken Sie über:

Die persönlichen Standards dieser Person:

_____

Ist hier Qualität ein Thema?

_____

Wie würde Ihr Standard aussehen?

_____

Szene 2: Einige Wochen später sieht Martin, daß das unterirdische Parkdeck fertiggestellt ist und Arbeiter dabei sind, das zweite Stockwerk zu betonieren. Ein Arbeiter nimmt gerade einen Erfrischungstrunk. Als er fertig ist, schaut er sich um, ob er beobachtet wird, und wirft dann die leere Dose kurzerhand zwischen zwei Wände des neuen Gebäudes. Die Dose wird wahrscheinlich das Tageslicht nicht eher wieder erblicken, als bis das Gebäude in 2000 Jahren von einem Archäologenteam ausgegraben wird.

Was denken Sie über:

Die persönlichen Standards dieser Person:

_____

Ist hier Qualität ein Thema?

_____

Wie würde Ihr Standard aussehen?

_____

⇒ *Werden Sie sich über Ihre persönlichen Standards klar*

Beispiel 3: Nachfolgend wird ein Gespräch wiedergegeben, das am Postamt mitgehört wurde. Denken Sie daran, daß in jedem großen Unternehmen eine Vielzahl von Leuten mit unterschiedlichen Qualitätsstandards beschäftigt ist. Manchmal passen die Standards anderer Leute nicht mit unseren oder jenen des Unternehmens zusammen. Das sagt aber noch nichts darüber aus, ob sie gut oder schlecht sind.

Dieser nachstehend wiedergegebene Wortwechsel war für die Frau und für die Person, die ihn beobachtete, frustrierend. Was denken Sie über die hier involvierten Qualitätsstandards?

Frau: »Guten Tag, ich bin gekommen, um meinen eingeschriebenen Brief abzuholen.«
Postbediensteter: »Haben Sie den gelben Schein, den wir in Ihrem Briefkasten hinterlegt haben?«
Frau: »Ich denke ja; lassen Sie mich sehen... Ja, da ist er... Ich bin ziemlich in Eile!«
Postbediensteter: »Warten Sie hier, ich bin gleich zurück.« (einige Minuten vergehen)
»Es tut mir leid, meine Dame, aber wir können Ihren Brief nicht finden.«
Frau: »Das ist ärgerlich, weil ich den Brief dringend brauche.«
Postbediensteter: »Warten Sie, ich sehe noch einmal nach...« (einige weitere Minuten vergehen)
»Es tut mir leid, aber Ihr Brief ist nicht hier. Er wurde heute erstmals zugestellt und dürfte noch nicht vom Briefträger hinterlegt worden sein.«
Frau: »Aber hier auf dem gelben Schein steht, daß ich ihn ab 17 Uhr heute abholen kann.«
Postbediensteter: »Anscheinend hat er vergessen, den Brief zu hinterlegen.«
Frau: »Sie machen wohl Witze! Und ich verschwende hier meine Zeit!«
Postbediensteter: »Hören Sie mal, ich arbeite nur hier – ich kann auch nichts dafür, daß dieser Brief nicht hier ist.«

➠ *Werden Sie sich über Ihre persönlichen Standards klar*

Was denken Sie über:

Die persönlichen Standards dieser Person:

_____

Ist hier Qualität ein Thema?

_____

Wie würde Ihr Standard aussehen?

_____

2.3 Das Abstimmen mit dem Qualitätsstandard »Q-Match«

Gibt es einen schnellen und sinnvollen Weg, um das, was Sie (und andere) tun, mit einem bestimmten Standard zu vergleichen? Wir sind der Meinung, es gibt einen – und ob Sie es glauben oder nicht, er muß nicht einmal kompliziert sein. Merken Sie sich nur folgenden mnemotechnischen Begriff: »Q-MATCH!«

Quality – Meets Agreed Terms and CHanges
(Übersetzt: Qualität entspricht festgelegten Bedingungen und Änderungen)

Man kann sagen, daß »Q-MATCH« das Licht ist, welches das Prinzip der Qualität erhellt. Sie können sich selber und die wichtigen Aktivitäten, die Sie setzen, dieser Prüfung unterziehen, oder Sie können damit auch andere Leute und die wichtigen Aufgaben, die zu erledigen sich diese bereit erklärt haben, überprüfen. Bedingungen und Veränderungen werden nicht immer per Inserat in einer Tageszeitung publik gemacht. In einigen Fällen werden die Bedingungen und Veränderungen nur impliziert, aber Qualität bemißt sich ebensosehr an Implikationen wie an schriftlichen Vereinbarungen.

Wenn Sie mit den folgenden Situationen konfrontiert sind, fragen Sie sich, ob die Dienstleistungen, Leistungen oder Aktivitäten wirklich den vereinbarten Bedingungen und Änderungen entsprechen (»Meet Agreed Terms & CHanges«).

- in Ihrer Bank
- in der Apotheke
- in der Kleiderreinigung
- beim Kauf eines Computers
- bei der Bedienung im Restaurant
- beim täglichen Zeitungskauf
- bei der Rückzahlung eines Darlehens
- beim Ausborgen von Dingen von einem Mitarbeiter
- beim Mannschaftstraining

Persönliche Qualitätsstandards

⇒ Das Abstimmen mit dem Qualitätsstandard »Q-Match«

2.3.1 Der »Q-Match«-Test

Die strenge Prüfung: Entspricht es »Q-MATCH«? Wenn alles mit den vereinbarten Bedingungen und Änderungen übereinstimmt, dann ist es Qualität! Zur Erinnerung: Auch wenn es sich um verschiedene Leistungsniveaus handelt – bei dem Test geht es darum, ob die Leistung mit dem Vereinbarten übereinstimmt. Qualität auf persönlicher Ebene kann bedeuten, den Zeitungsjungen dazu zu bringen, die Zeitung entweder irgendwo auf den Rasen zu werfen *oder* sie auf die Türmatte zu legen. In beiden Fällen handelt es sich um Qualität, wenn es vorher vereinbart wurde. Sie können Ihre Forderungen auch *ändern,* indem Sie bitten, die Zeitung hinter den Zaun zu werfen, damit sie nicht gestohlen wird. Diese neue Änderung definiert jetzt die erforderliche Leistung – mit anderen Worten, das Qualitätsniveau. Lesen Sie sich Nachstehendes durch, und prüfen Sie, ober diese Leute den Test bestehen:

	ja	nein
1. Ihr Automechaniker benötigt zwei Tage länger als vereinbart, um die Reparatur Ihres Autos zu beenden. Q-Match?	O	O
2. Derselbe Mechaniker klärt Sie im vorhinein über die Reparaturdauer auf und überläßt Ihnen ein Mietauto. Q-Match?	O	O
3. Ihr Freund oder Ehepartner sagt in letzter Minute einen wöchentlichen Ausgehabend ab. Q-Match?	O	O
4. Ihr vereinbarter Termin wird an dem Tag, an dem er stattfinden soll, *schon wieder* abgesagt. Q-Match?	O	O
5. Sie fühlen sich ein bißchen krank und beschließen, einen Termin ausfallen zu lassen und statt dessen lieber ins Kino zu gehen. Q-Match?	O	O
6. Während des Joggens beschließen Sie, die Abkürzung über den Parkplatz zu nehmen, um Zeit und Energie zu sparen. Q-Match?	O	O
7. Die Miete oder Darlehensrate ist fällig, aber es ist bereits Freitag gegen Büroschluß, also warten Sie mit der Zahlung bis Montag. Q-Match?	O	O

➠ Das Abstimmen mit dem Qualitätsstandard »Q-Match«

                                                                       ja nein

8. Sie hören zu rauchen auf, nehmen aber immer wieder einen Zug von den Zigaretten Ihrer Freunde. Das ist ja nicht wirklich rauchen. Q-Match? _____ O — O

9. Ihr Arzttermin wird abgesagt. Man hat Sie am Vortag angerufen und Ihnen eine Nachricht hinterlassen. Q-Match? _____ O — O

10. Ihr Sohn ist bereit, Ihr Auto zu waschen und zu säubern, damit er es am Abend benutzen darf. Seine Verabredung verschiebt sich auf den nächsten Abend, aber er reinigt das Auto trotzdem am vereinbarten Tag. Q-Match? _____ O — O

2.3.2 Wo kann ich »Q-Match« anwenden?

Unser Qualitätstest sollte auf jede Situation angewendet werden, die Ihnen wichtig erscheint. Sobald Sie mit »Q-Match« vertraut sind, werden Sie feststellen, daß Sie Qualitätsleistungen ad hoc bewerten können.

Der »Q-Match«-Test kann Ihnen helfen ...

- Kaufentscheidungen zu treffen
- Reparaturverhandlungen zu führen
- Investitionsalternativen abzuwägen
- die richtigen Kontaktadressen für gesellschaftliche Angelegenheiten herauszufinden
- zu entscheiden, wer in Geschäftsangelegenheiten miteinbezogen werden soll

Mit anderen Worten, wann immer Sie mit Produkten, Dienstleistungen oder Aktivitäten zu tun haben, bei denen Sie ein gewisses Zufriedenheits- oder Leistungsniveau erwarten, sollten Sie den »Q-Match«-Test anwenden, um die Qualität zu bewerten.

2.4 Qualität und Erwartungen

Ein großer Teil dieser Qualitätsfragen läuft auf wechselseitig abgestimmte Erwartungen hinaus. Es ist ganz einfach: Eine Gruppe erstellt eine Liste ihrer Erwartungen; dies kann schriftlich, mündlich oder überhaupt nur in Gedanken erfolgen. Die andere Partei antwortet, indem sie detailliert ausführt, welche Erwartungen sie erfüllen kann und welche nicht. Zwischen den beiden Gruppen kommt es dann zu einer Vereinbarung über die zu erbringenden Leistungen, und die tatsächlichen Leistungen werden schließlich mit der Vereinbarung verglichen.

1. Erwartungen (Erfordernisse)
2. Fähigkeiten
3. Vereinbarung (Bedingungen, Versprechungen, Ankündigungen)
4. Ausführung (Leistung)
5. Bewertung

Eine Geschichte über Erwartungen

Raffael ist Abteilungsleiter in einer mittelgroßen Hochtechnologiefirma. Seine Abteilung ist für den Versand der fertigen Produkte verantwortlich, die von der Marketing-Abteilung verkauft und von der Produktion erzeugt werden. Früher versuchte Raffael, es allen in der Verkaufsabteilung recht zu machen. Er versprach frühe Lieferdaten auch bei in letzter Minute aufgegebenen Bestellungen. Er wollte auch mit der Produktionsabteilung in gutem Einvernehmen stehen. So beschwerte er sich nicht, wenn der Produktionszeitplan nicht eingehalten wurde und die Lieferfristen überschritten wurden. Raffael mußte aus Schaden klug werden und erfahren, daß er es nicht allen recht machen konnte. Der Verkauf, die Produktion und sogar einige Kunden beklagten sich offiziell über die Qualität seiner Abteilung. Heute hat Raffael es zur Abteilungspolitik gemacht, daß alle seine Mitarbeiter die fünf oben aufgelisteten Schritte befolgen. Sie werden über die genauen Wünsche und Erwartungen informiert und stimmen diese dann mit ihren Möglichkeiten ab. Nun wird eine Vereinbarung getroffen, die besagt, daß die Abteilung nur diejenigen Wünsche erfüllen wird, denen sie tatsächlich nachzukommen imstande ist. Schließlich werden die erfolgten Lieferungen mit der schriftlichen Vereinbarung verglichen. Raffael gewinnt zwar nicht alle Popularitätswettkämpfe, aber er wird auch nicht mehr wegen schlechter Qualität gerügt.

2.5 P-D-D-Optionen für Qualität

Qualität steht nicht für Perfektion oder Güte. Qualität bei der Arbeit oder zu Hause besteht darin, Erwartungen zu erfüllen. Manchmal bedeutet das Fehler- oder Defektlosigkeit, während ein anderes Mal eine weniger perfekte Ausführung immer noch genügt. Qualität bedeutet, die vereinbarten Bedingungen und Änderungen zu erfüllen bzw. durchzuführen.

P-D-D-Optionen für Qualität

Perfektionsoption: keine Fehler, keine Defekte, unflexibel
Durchschnittsoption: Resultate der Vergangenheit sind gut, sehr flexibel
Dehnungsoption: angemessener Schwierigkeitsgrad, etwas flexibel

Lassen Sie Mißerfolge nicht zur Gewohnheit werden. Setzen Sie von Anfang an die richtigen Standards. Der Durchschnitt ist für viele Situationen angemessen. Andere verlangen hingegen nach der Dehnungs- oder Perfektionsoption. *Wählen Sie von Anfang an die richtige Option, und kommen Sie zu einer Übereinkunft.* Das ist Qualität.

Werfen Sie einen Blick auf die Standards, die Sie weiter oben in diesem Kapitel aufgestellt haben. Gehen Sie zurück auf Seite 28, und setzen Sie die P-D-D-Optionen ein, um festzuhalten, welches Ausführungsniveau angemessen wäre.

2.5.1 Das Beurteilen von persönlichen Standards

Ihre persönlichen Ziele und Standards können nur von Ihnen beurteilt werden, denn nur indem Sie Ihren persönlichen Maßstab anlegen, können Sie herausfinden, ob Sie auf dem richtigen Weg sind. Sie können nach Ihrem subjektiven Gefühl (gut oder schlecht) urteilen oder nach Aussagen von anderen wichtigen Leuten, oder aber nach Ihrer Zufriedenheit.

Die persönlichen Qualitätsstandards werden anders beurteilt als Ihre beruflichen, weil sie von Ihren Wertvorstellungen, Ihren Einstellungen und Ihrem intuitiven Urteil abhängig sind. Die beruflichen Standards müssen hingegen quantifizierbar, beobachtbar und ergebnisorientiert sein.

persönliche Standards	berufliche Standards
• Wertvorstellungen	• quantifizierbar
• Einstellungen	• beobachtbar
• intuitives Urteil	• ergebnisorientiert

eine ausgewogene Kombination

Das auf der gegenüberliegenden Seite abgedruckte Beurteilungsformular für Ihre persönlichen Standards wird Ihnen helfen zu beurteilen, ob Sie Ihre persönlichen Standards erfüllen.

Persönliche Qualitätsstandards

⟹ P-D-D-Optionen für Qualität

Beurteilungsformular für Ihre persönlichen Standards

Kopieren Sie diese Seite für jeden der persönlichen Standards, die Sie auf Seite 28 angeführt haben. Dann kreisen Sie jene Zahl ein, die angibt, inwieweit Sie derzeit dem betreffenden Standard entsprechen. Es lassen sich nicht alle Kriterien auf jeden Standard anwenden. Fügen Sie noch andere Kriterien hinzu, die für Sie wichtig sind.

Meine persönlichen Richtlinien für _____

1. Subjektive Gefühle

   schlechtes Gefühl   1   2   3   4   5   gutes Gefühl

2. Grad des Glücklichseins

   sehr unglücklich   1   2   3   4   5   sehr glücklich

3. Persönliche Zufriedenheit

   nicht zufrieden   überaus zufrieden
         1   2   3   4   5

4. Persönliche Werte

   stimmt mit meinen Werten nicht überein   stimmt mit meinen Werten überein
       1   2   3   4   5

5. Intuitive Beurteilung

   Mein Gefühl sagt mir, daß es falsch ist   Mein Gefühl sagt mir, daß es richtig ist
       1   2   3   4   5

6. Feedback von außen

   wird von Freunden/Familie mißbilligt   wird von Freunden/Familie gebilligt
       1   2   3   4   5

7. Andere Kriterien

   _____   _____
       1   2   3   4   5

2.6 Was veranlaßt uns, Kompromisse zu schließen (zu schwindeln)?

Oft verlassen wir uns in Sachen Beurteilung unseres Leistungsniveaus auf andere. Manchmal sind wir auch faul und werden bei der Einhaltung von Standards, an die wir uns normalerweise halten, nachlässig. Zum Beispiel können Sie den Kontakt zu engen Freunden verlieren, keinen Sport mehr betreiben, eine Diät abbrechen, die durchzuhalten Sie sich vorgenommen hatten, oder Sie beginnen ohne besonderen Grund, Termine nicht mehr einzuhalten.

Fällt Ihnen auf, daß die folgenden Faktoren einen Einfluß darauf haben, ob Sie Ihre Standards einhalten oder nicht?

Billigung: Lassen Sie sich durch die Billigung anderer in Ihren Standards beeinflussen?

Angst: Fürchten Sie sich vor dem Versagen oder sogar vor Erfolg auf dem Weg zum Ziel?

Bequemlichkeit: Ist es angenehmer, den Standard oder das Leistungsniveau zu verändern?

Zeit: Haben Sie zu wenig Zeit, um gute Arbeit zu leisten, oder sogar zu wenig, um überhaupt zu beginnen?

Unüberwindlich scheinende Hindernisse:
Sind die Hindernisse so unüberwindlich, daß Sie glauben, sie können Ihren Standard niemals einhalten?

Kosten: Scheint das Opfer zu groß, wenn Sie die realen Kosten betrachten?

Müdigkeit: Sind Sie müde von der Arbeit, vom Spiel, vom Streß oder von der Beschäftigung mit zu vielen Details?

Persönliche Qualitätsstandards

➡ Was veranlaßt uns, Kompromisse zu schließen (zu schwindeln)?

Welche Faktoren verursachen Ihnen die größten Schwierigkeiten? Sie können Ihre persönlichen Qualitätsstandards verbessern, wenn Sie wissen, was Sie behindert. Kreisen Sie jene Zahl ein, die angibt, bis zu welchem Grad der jeweilige Kompromißfaktor die Qualität Ihrer persönlichen Leistungen beeinflußt.

1. Billigung anderer

   großes Hindernis 1   2   3   4   5   kein Problem

2. Angst

   großes Hindernis 1   2   3   4   5   kein Problem

3. Bequemlichkeit

   großes Hindernis 1   2   3   4   5   kein Problem

4. Zeit

   großes Hindernis 1   2   3   4   5   kein Problem

5. Unüberwindlich scheinende Hindernisse

   großes Hindernis 1   2   3   4   5   kein Problem

6. Kosten

   großes Hindernis 1   2   3   4   5   kein Problem

7. Müdigkeit

   großes Hindernis 1   2   3   4   5   kein Problem

Teil 3:
Das »E.K.K.« der Qualität

3.1 Engagement, Kompetenz, Kommunikation

◆ *»Die schlechteste Arbeit wird immer mit den besten Vorsätzen geleistet.«*

Oscar Wilde

Das »E.K.K.« der Qualität – Engagement, Kompetenz und Kommunikation – bildet die immaterielle Basis Ihrer persönlichen und beruflichen Qualitätsziele. Sie können diese Faktoren nicht konkret fassen oder messen, aber ohne sie kann kein Qualitätsplan erfolgreich sein.

Engagement ist die entschlossene Einstellung eines Schwimmers, der an Olympischen Spielen teilnimmt und Hunderte von Stunden im Morgengrauen allein trainiert.

Unter **Kompetenz** versteht man das umfassende Wissen eines gut ausgebildeten Piloten, der all seine Kenntnisse – Übung, Instrumente und Intuition – nutzt, um schnelle Entscheidungen zu treffen.

Kommunikation ist der wichtige persönliche Kontakt und das wechselseitige Übereinkommen zwischen Managern und Arbeitnehmern, das einen reibungslosen Arbeitsablauf ermöglicht.

So wie ein Haus auf einem Betonfundament errichtet wird, wird ein Qualitätsplan auf einer Basis aus Engagement, Kompetenz und Kommunikation begründet.

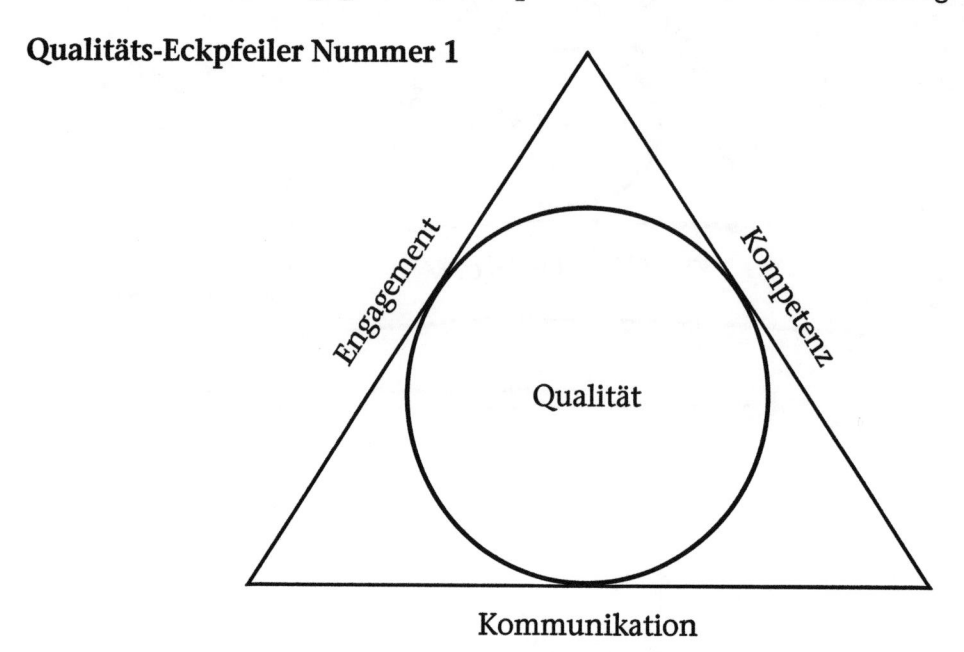

Qualitäts-Eckpfeiler Nummer 1

3.2 Engagement und Einsatz

Ein Harvard-Student, der sich nur allzu gut kannte, brachte an seiner Tür folgende Nachricht für seinen Zimmerkollegen an: »Wecke mich um sieben Uhr. Ich muß wirklich unbedingt um sieben Uhr aufstehen. Gib bitte nicht auf. Klopfe so lange, bis ich antworte.« Und ganz unten schrieb er noch: »Versuche es um neun Uhr noch einmal.«

Engagement und Einsatz sind eine Frage der Intensität. Sie sind situationsabhängig, so wie es die kurze Geschichte oben illustriert. Maximales Engagement und maximaler Einsatz für Qualität im beruflichen Bereich definieren sich als die *bewußte Entscheidung einer Person oder Organisation, einen gemeinsam vereinbarten Aktionsplan durchzuziehen.* Die Arbeiter fühlen sich der Qualität nur in dem Maße verpflichtet, in dem dies auch für das Management zutrifft.

Jeder Mensch hat irgend etwas, wofür er sich bis zu einem gewissen Grad engagiert. Unser Engagement variiert je nach dem Stellenwert dieser Sache und unserer Fähigkeit, den Anforderungen zu entsprechen. Damit ein Unternehmen seinen Qualitätsansprüchen gerecht werden kann, muß sich auch jeder einzelne Arbeitnehmer bis ins kleinste Detail der Qualität verpflichtet fühlen.

3.2.1 Beispiel

Thomas arbeitet in einer Softwarefirma, in der er Programmblätter tippt. Ihm wurde gesagt: »Denk nicht, sondern schreib bloß, was du siehst.« Thomas ist bewußt, daß er eindeutige Fehler abschreibt, wie zum Beispiel eine 5 anstatt eines T. Der Programmierer, der dieses Programmblatt bekommt, korrigiert die Fehler und schickt die Blätter zum Abtippen wieder an Thomas zurück – ein zeitaufwendiger Prozeß.

Eines Tages rief Thomas den Programmierer an und fragte ihn, ob er nicht kurz vorbeikommen und rasch drei offensichtliche Fehler korrigieren könnte, damit er, Thomas, die Programmblätter gleich richtig schreiben könne. Damit ließe sich später Korrekturzeit einsparen. Während der Programmierer noch bei Thomas war, bat Thomas ihn, auch gleich mögliche andere Fehler auszubessern.

	ja	nein
Fühlt sich Thomas der Qualität verpflichtet?	O	O

	stark	durchschnittlich	wenig
In welchem Maße fühlt sich Thomas Ihrer Meinung nach der Qualität verpflichtet?	O	O	O

Das »E.K.K.« der Qualität

⇒ *Engagement und Einsatz*

3.2.2 Beurteilen Sie Ihr Maß an Engagement und Einsatz

Wie hoch ist Ihr Maß an Engagement und Einsatz für Qualität in Ihrem Unternehmen? Jeder einzelne ist hier entscheidend, und wenn sich die einzelnen Personen als ein Ganzes einer Sache verpflichtet fühlen, kann das die Qualität und die Produktivität eines Unternehmens revolutionieren.

Nachstehend sind persönliche und berufliche Situationen angeführt, die ein bestimmtes Maß an Engagement und Einsatz erfordern. Darunter finden Sie vier Engagement- und Einsatzniveaus. Setzen Sie neben jede Situation diejenige Zahl, die angibt, welchen Grad an Engagement Sie in bezug auf eine bestimmte Aufgabe haben. Ihre Antworten sind weder falsch noch richtig, sie sollen Ihnen nur helfen, sich besser einschätzen zu können und abzuschätzen, wo Sie mit Ihrem Engagement und Ihrem Einsatz in etwa stehen. Sich selbst zu kennen, ist der erste Schritt zur Veränderung.

Persönliche und berufliche Situationen:	Niveau von Engagement und Einsatz			
	unerschütterlich	bemüht	ungleichmäßig	wenn ich Lust habe
Heirat	O	O	O	O
Lernen	O	O	O	O
Anderen helfen	O	O	O	O
Kunden	O	O	O	O
Persönliche Qualitätsstandards	O	O	O	O
Das Leben genießen	O	O	O	O
Familie	O	O	O	O
Geschäftliche Ziele	O	O	O	O
Meine Arbeit möglichst gut machen	O	O	O	O

Das »E.K.K.« der Qualität

3.3 Kompetenz

Qualitätsziele erfordern neben Engagement und Einsatz auch Haltungen und Handlungen, die von Kompetenz getragen werden. Der Begriff Kompetenz kann mit »Know-how« umschrieben werden. Astronauten müssen kompetent sein. Dasselbe gilt für Pharmazeuten, Chirurgen, Feuerwehrmänner und Angestellte. Jeder von ihnen muß gewisse objektive Fertigkeiten besitzen, eine profunde Ausbildung, ein gutes intuitives Urteilsvermögen, eine verantwortungsvolle Einstellung und die Fähigkeit, sämtliche Kenntnisse zur Problemlösung zu nutzen. Kompetente Leute und Qualitätsarbeit gehen Hand in Hand, weil kompetente Leute dafür sorgen, daß sie gemeinsam festgelegten Standards auch gerecht werden können.

Leute, die in ihrem Job nicht kompetent sind, bewegen sich üblicherweise auch in anderen Bereichen ihres Lebens auf einem niedrigen Niveau. Ohne Kompetenz »überleben« die Arbeitnehmer eher nur, statt daß sie sich bei einem Produkt oder einer Dienstleistung um Qualität bemühen. Auf der anderen Seite heben erfolgreiche Qualitätsprogramme die Moral und verbessern die Kompetenz durch Schulung, Teamwork und Incentive-Programme.

Wenn Unternehmen Maßnahmen zur Qualitätsverbesserung ordnungsgemäß implementieren, dann demonstrieren sie auch Kompetenz auf organisatorischer Ebene. Sie erstellen einen generellen Qualitätsplan und beziehen alle Arbeitnehmer in dessen Ausführung mit ein. Sie organisieren auch für alle Unternehmensebenen, vom Top-Management abwärts, Schulungen in Sachen Qualität. Der Qualitätsplan und die Schulung sollen die Kompetenz erhöhen. Höhere Kompetenz verbessert wiederum die Qualität. Es werden auch Autonomie, Teamwork, Arbeitssicherheit und Gewinne verbessert. Die Unternehmen helfen den Leuten, Kompetenz zu entwickeln, indem sie ihnen das richtige »Werkzeug« geben und ihnen die Verantwortung für ihre Arbeit übertragen.

3.3.1 Beurteilen Sie Ihre Kompetenz

Nachstehend finden Sie verschiedene Bereiche persönlicher und beruflicher Kompetenz aufgelistet. Unter jedem Leitwort führen Sie jene Bereiche an, in denen Sie sich verbessern wollen, und jene, mit denen Sie zufrieden sind. Mit Unterstützung Ihres Chefs, Ihrer Familie oder Ihrer Freunde beginnen Sie, für jene Bereiche, die Sie verbessern wollen, neue Kompetenzziele zu erstellen. Und für die Bereiche, in denen Sie mit sich zufrieden sind, klopfen Sie sich anerkennend auf die Schulter!

➠ *Kompetenz*

		erfordert Verbesserung	ich bin zufrieden

Arbeitsfertigkeiten

_____   _____   O — O

_____   _____   O — O

_____   _____   O — O

Bildung

_____   _____   O — O

_____   _____   O — O

_____   _____   O — O

Arbeitserfahrung

_____   _____   O — O

_____   _____   O — O

_____   _____   O — O

Kommunikationsfertigkeiten

_____   _____   O — O

_____   _____   O — O

_____   _____   O — O

Problemlösung

_____   _____   O — O

_____   _____   O — O

_____   _____   O — O

➠ *Kompetenz*

		erfordert Verbesserung	ich bin zufrieden

Entscheidungsfindung

_____ _____ O — O

_____ _____ O — O

_____ _____ O — O

Freizeit

_____ _____ O — O

_____ _____ O — O

_____ _____ O — O

Organisation

_____ _____ O — O

_____ _____ O — O

_____ _____ O — O

Anderes

_____ _____ O — O

_____ _____ O — O

_____ _____ O — O

Das »E.K.K.« der Qualität

3.4 Kommunikation

George Bernhard Shaw sagte einmal: »Das Problem mit der Kommunikation ist die Illusion, sie sei lückenlos.« Kommunikationsprobleme sind das Problem Nummer eins in den meisten Gruppen – in Familien, Firmen oder unter Freunden. Trotz guter Absichten haben die Leute meist Probleme damit, anderen eine Botschaft effektiv zu übermitteln. Zwischen dem Sender und dem Empfänger geht bei der Nachrichtenübermittlung etwas verloren. Die Schwachstellen der Kommunikation sind: ein unklares Ziel, verstümmelte Botschaften, Hindernisse (wie zum Beispiel unklar definierte Vorgangsweisen, kulturelle Unterschiede, Dialekt etc.) und wenig oder kein Feedback. Das Diagramm auf der nächsten Seite zeigt Ihnen, wie eine qualitativ hochwertige Kommunikation funktioniert.

Das Ziel jeder Kommunikation ist es, wechselseitiges Verstehen zu erreichen. Das Wort Kommunikation kommt vom lateinischen Wort »communis«, was Gemeinsamkeit, eine Gemeinsamkeit des Verstehens, bedeutet.

Gemeinsames Verständnis und eine gegenseitige Einigung können nicht in Form von »Einbahn«-Nachrichten zustande kommen. Nur allzu oft senden wir eine Nachricht und setzen voraus, daß diese in der Weise aufgenommen und verstanden wird, in der wir es beabsichtigt haben.

Ein amerikanischer Tourist wollte in einem Madrider Restaurant ein Steak mit Pilzen bestellen. Er konnte nicht Spanisch, der Kellner nicht Englisch sprechen. Der Gast zeichnete für den Kellner ein Bild mit einem Pilz und einer Kuh. Der Kellner verließ den Tisch und kehrte einige Minuten später mit einem Schirm und Karten für einen Stierkampf zurück.

3.4.1 Das Qualitäts-Kreislauf-Kommunikationsmodell

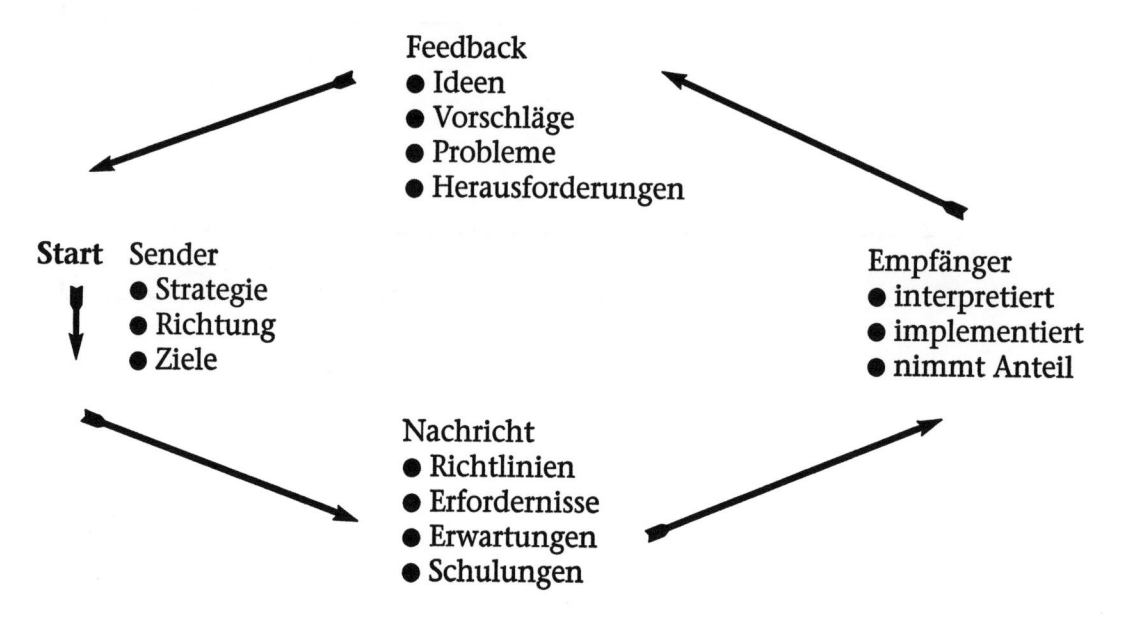

Feedback
- Ideen
- Vorschläge
- Probleme
- Herausforderungen

Start Sender
- Strategie
- Richtung
- Ziele

Nachricht
- Richtlinien
- Erfordernisse
- Erwartungen
- Schulungen

Empfänger
- interpretiert
- implementiert
- nimmt Anteil

➡ *Kommunikation*

Im nebenstehend dargestellten Modell sind beide Seiten für den Erfolg verantwortlich. Bei einer effektiven Kommunikation findet ein kontinuierlicher Prozeß statt, der andauert, bis eine wechselseitige Verständigung über das zur Diskussion stehende Thema erzielt wurde.

Sie können die Kommunikation zu Hause und in der Arbeit gewaltig verbessern, wenn Sie und andere Schlüsselpersonen folgende Richtlinien beachten:

1. Definieren Sie den *wirklichen Zweck* Ihrer Nachricht.
2. Richten Sie sich nach der *Auffassungsgabe* Ihrer Zuhörer.
3. Verwenden Sie den geeigneten *Kommunikationskanal.*
4. Verschaffen Sie sich *Feedback,* damit Sie das wechselseitige Verständnis überprüfen können.
5. *Verbessern* Sie ständig Ihre Kommunikationsfertigkeiten.
6. Nutzen Sie *Schulungsmöglichkeiten.*
7. *Fördern* und *belohnen* Sie gute Kommunikation.

Alle Gruppen haben Kommunikationssysteme eingerichtet, und zwar sowohl formelle als auch informelle. Damit ein Qualitätsprogramm effektiv funktioniert, muß ein Unternehmen über einen spezifischen Kommunikationskanal verfügen, über den Informationen über den Qualitätsprozeß gesendet und empfangen werden können.

3.4.2 Beurteilen Sie Ihre Kommunikationsqualität

Qualität ist weitgehend davon abhängig, wie effektiv Sie in Ihrem persönlichen und beruflichen Leben kommunizieren. Wir können effektiver kommunizieren, wenn wir verstehen, welche Erwartungen in die Kommunikation gesetzt werden, und wenn wir uns selbst geeignete Standards setzen.

Beantworten Sie die untenstehenden Fragen, um zu klären, was Sie sich von der Kommunikation erwarten, und um Ihre Kommunikationsstandards zu erstellen.

1. Wenn Sie der Sender einer Information sind, was benötigen Sie vom Empfänger, um zu wissen, ob Sie genau verstanden wurden?

___

___

Das »E.K.K.« der Qualität

➡ Kommunikation

2. Was können Sie tun, um das zu bekommen, was Sie brauchen?

_____

_____

3. Wie können Sie in einer Kommunikationssituation den Erwartungen anderer Leute gerecht werden?

_____

_____

4. Welcher vernünftige Standard (welches Ziel) sollte gesetzt werden, um die Qualität und die Effektivität Ihrer derzeitigen Kommunikation zu erhöhen?

_____

_____

5. Wonach werden Sie Ihren Standard beurteilen?

_____

_____

6. Welche Methoden können Sie unter anderem verwenden, um eine Verbesserung der Kommunikation über das Qualitätsprogramm in Ihrer Firma zu erreichen?

_____

_____

Wenn Sie fertig sind, lesen Sie bitte die Vorschläge der Autoren auf der nächsten Seite.

➡ Kommunikation

◆ *Verdoppeln Sie die Kommunikation!*

Antworten der Autoren:

1. Feedback! Feedback! Die meisten von uns geben oder bekommen nicht genug Feedback, um den Kommunikationskreislauf zu schließen. Das Feedback wird schriftlich, verbal oder nonverbal gegeben.

2. Sie können fragen: »Was halten Sie von meinem Vorschlag (meiner Aussage)?« Achten Sie auch genau auf nonverbale Signale, da Ihnen diese mehr sagen als Worte. Wenn Sie schreiben, verlangen Sie eine schriftliche Antwort.

3. Fragen Sie, wie Sie helfen können. Hören Sie aufmerksam zu. Geben Sie verbales und nonverbales Feedback. Fassen Sie zusammen. Seien Sie aufgeschlossen.

4. Wie Nummer 3, und: *Seien Sie sich Ihres Ziels bewußt.*

5. Selbstbewertung und Feedback von anderen. Fühle ich mich als Kommunikator kompetenter? Werden meine Projekte mit weniger Zeitaufwand, mit weniger Fehlern und Streß fertiggestellt? Liefern mir die Leute bessere Qualitätsinformationen mit allen wichtigen Details?

6. Kommunikation (und zwar möglichst viel davon) ist die beste Möglichkeit, Qualitätsbewußtsein zu schaffen. Schreiben Sie das Wort »Qualität« an die Wände und auf die Türmatten, und schreiben Sie auch in Ihrer Firmenzeitschrift oft darüber. Erfinden Sie Slogans – veranstalten Sie einen Wettbewerb –, und hängen Sie in der Kantine und in der Halle Qualitätsstatistiken und Tabellen über Qualitätsverbesserung aus. Verbreiten Sie das Wort, und sagen Sie es mit Stolz. Machen Sie Qualität zum integrativen Bestandteil Ihrer Unternehmenskultur. Das Management sollte regelmäßig über Qualität sprechen. Machen Sie die Qualität zum ersten Besprechungspunkt bei Abteilungssitzungen.

3.5 Vorschläge, um Qualität publik zu machen

- Machen Sie die Qualität zum zentralen Thema Ihrer Firmenzeitung
- Drehen Sie einen Videofilm über Qualität
- Etablieren Sie Qualitätsgruppen
- Halten Sie als Manager Gesprächsrunden mit Arbeitnehmern ab
- Hängen Sie einen Briefkasten für Vorschläge auf, und schaffen Sie ein Forum
- Halten Sie Meetings zum Thema »Qualitätsstatus« ab
- Organisieren Sie Parties als Anerkennung für qualitativ hochwertige Leistungen
- Erstellen Sie Strategierichtlinien (schriftlich und mündlich)
- Organisieren Sie Wettbewerbe
- Sprechen Sie mit Kunden

Phillip Crosby erzählt in seinem Buch »Quality Without Tears« folgende Geschichte als Beispiel für einen Weg, ein Qualitätsproblem aktiv zu kommunizieren.

Ein Managementteam war über die Fehler in der Computerprogrammierung besorgt. Die Mitglieder des Teams waren der Meinung, daß diese eine starke Belastung für den Hauptrechner sein würden, da dieser hauptsächlich zur Fehlerbehebung eingesetzt wurde. Sie schätzten, daß Kosten in der Höhe von 150.000 ECU entstehen würden, weil die Software den Spezifikationen nicht in ausreichender Weise entsprach, bevor die Fehlerbehebung begann. Anstatt das aber den Leuten einfach nur mitzuteilen, liehen sie sich zehn brandneue Mercedes-Limousinen aus und stellten sie im Vorhof auf. Dann baten sie alle hinaus, um ihnen zu zeigen, »was uns die Fehlerbehebung kostet«. Das machte einen großen Eindruck.

Teil 4:

Die Ziele Ihrer Organisation

4.1 Zielplanung

> ◆ *Wenn Sie nicht wissen, wohin Sie wollen, dann werden Sie wahrscheinlich anderswo landen.*
> *Laurence J. Peters*

Qualitätsstandards basieren auf der Unternehmenspolitik und auf den Unternehmenszielen. Ziele schaffen Einheit und Gruppenidentität. Die Arbeitnehmer können der Organisation nicht helfen, ihre Ziele zu erreichen, wenn sie diese Ziele nicht kennen.

Die Ziele eines Unternehmens werden normalerweise in vier Kategorien unterteilt:

- Das Unternehmensleitbild
- Zielsetzungen der einzelnen Unternehmensbereiche
- Verantwortlichkeiten der einzelnen Abteilungen
- Individuelle Verantwortlichkeiten jedes Arbeitnehmers

Die Ziele basieren auf dem, was ein Unternehmen erreichen will: Lösen von Problemen, Herstellen von Produkten oder Bereitstellen von Dienstleistungen. Damit die Ziele erreicht werden, muß jeder Firmenangehörige sie verstehen und mit ihnen einverstanden sein. Das Unternehmensleitbild muß mit den Verantwortlichkeiten der Unternehmensbereiche, der Abteilungen und mit der Arbeit jedes einzelnen im Einklang stehen.

Beispiel

Die Firma ABZ fertigt Übertöpfe. Die Produktionsabteilung von ABZ arbeitet sehr effizient und hat sich für das erste Quartal ein Produktionsziel von 10.000 Blumentöpfen gesetzt. Den Blumentöpfen werden Übertöpfe beigegeben. In der Produktionsprognose wird der Bedarf an Übertöpfen auf 5.000 Stück geschätzt. Arbeitet die Produktionsabteilung effektiv auf die Ziele der Organisation hin? Wie könnte sie effizienter mit anderen Abteilungen und Unternehmensbereichen zusammenarbeiten, um die Ziele der Organisation zu erreichen?

Wenn die Kommunikation und die Einigung über die Unternehmensziele nicht funktionieren, verursacht dies hohe Kosten, da sich in einem solchen Fall jeder sozusagen seine eigenen Gesetze macht. In einem Dienstleistungsbetrieb könnte ein solcher Kommunikationseinbruch Kosten im Ausmaß von 30 bis 40 Prozent der Betriebskosten ausmachen.

4.2 Ihre Position in bezug auf das Unternehmensleitbild

Können Sie die folgenden Fragen über Ihre Organisation und über Ihre eigenen Aufgaben darin beantworten? Wenn Sie erkannt haben, worin Ihr Beitrag zum Funktionieren Ihres Unternehmens besteht, dann haben Sie bereits einen großen Schritt hin zur Erstellung eines sinnvollen Qualitätsstandards getan.

1. Beschreiben Sie das Leitbild Ihres Unternehmens.

   _____

   _____

2. Welche Rolle spielen Sie bei der Erreichung dieses Leitbildes?

   _____

   _____

3. Listen Sie auf, welche Verantwortlichkeiten Ihres Unternehmensbereichs oder Ihrer Abteilung mit den Firmenzielen in Beziehung stehen.

   _____

   _____

4. Notieren Sie Ihre persönlichen Arbeitsverantwortlichkeiten.

   _____

   _____

5. Listen Sie die Verantwortlichkeiten Ihrer Mitarbeiter auf (falls vorhanden).

   _____

   _____

4.3 Checken Sie Ihre Zielkontrolle

Wie gut ist Ihre Firma in Sachen »Zielkontrolle«? Beantworten Sie die folgenden Fragen, damit Sie ersehen können, wie gut Ihrer Meinung nach die Ziele Ihres Unternehmens oder Ihrer Abteilung von den Arbeitnehmern verstanden wurden.

	ja	nein
Liegen die Ziele Ihres Unternehmens schriftlich auf?	O	O
Sind sie in klarer, verständlicher Sprache abgefaßt?	O	O
Wurden sie an einen breiten Kreis verteilt, und sind sie für jedermann zugänglich?	O	O
Stehen sie in Einklang mit den anderen Bereichen des Unternehmens?	O	O
Sind sie realistisch?	O	O
Sind sie auf alle anwendbar?	O	O
Spiegeln sie den Respekt des Managements für die Arbeitnehmer wider?	O	O
Sprechen die Leute, die die Zielvorgaben erstellt haben, auch darüber, und gehen sie selbst mit gutem Beispiel voran?	O	O
Sind die Arbeitnehmer mit den Zielen einverstanden?	O	O
Werden Schulungen geboten, um die Erreichung der Ziele zu unterstützen?	O	O
Setzt das Management nach der Festlegung der Ziele nachfassende Aktivitäten?	O	O
Beinhalten die Ziele genaue Fristen?	O	O
Geben die Ziele die Unter- und Obergrenzen an (falls anwendbar)?	O	O
Werden die Ziele konkret definiert, inklusive Zahlen?	O	O

4.4 Das Festsetzen von Qualitätsstandards

Ziele sind der wichtigste Einzelfaktor für die Kontrolle von Qualität. Je spezifischer sie sind, desto bessere Ergebnisse können Sie erwarten. Aus den Zielen ergibt sich die Kontrolle. Kontrolle ist ein anderer Ausdruck für »Qualitätsstandard«. Wenn Sie über einen klaren Beurteilungsstandard verfügen, können Sie davon ausgehen, daß die Ergebnisse stimmen.

Kontrollen sind eine Methode, mit deren Hilfe Sie überprüfen können, ob Sie jene Dinge tun, die Sie sich vorgenommen haben, und zwar auch zum angekündigten Zeitpunkt. Die Kontrollen helfen Ihnen festzustellen, ob ein Produkt für den Gebrauch geeignet ist. Die Quintessenz von all dem ist, daß die Ziele und Kontrollen so konzipiert sein müssen, daß sie sicherstellen, daß den Bedürfnissen der Kunden entsprochen wird.

Für die Festlegung von Kontrollen oder Qualitätsstandards werden üblicherweise die nachstehend beschriebenen Schritte gesetzt. Diese Schritte müssen nicht kompliziert sein. Tatsächlich sollten sie einfach sein, so daß Sie imstande sind, sie effektiv zu implementieren. Markieren Sie jene Schritte, die Sie in Ihrer Firma regelmäßig realisieren.

4.4.1 Checkliste zur Zielfestsetzung

	ja	nein
1. Wir haben die Ziele unserer Firma, unseres Unternehmensbereichs, unserer Abteilung sowie auch unsere persönlichen Ziele festgelegt	○	○
2. Diese Ziele stehen miteinander in Einklang	○	○
3. Wir haben uns über die Methoden geeinigt, die wir zur Erreichung der Ziele anwenden werden	○	○
4. Wir haben Richtlinien für akzeptable Arbeit erstellt und diese Richtlinien quer durch das Unternehmen standardisiert	○	○
5. Wir schulen und trainieren Arbeitnehmer. Wir wissen, daß unser Plan nicht funktionieren wird, wenn die Arbeitnehmer nicht informiert und geschult werden	○	○
6. Wir verwenden unsere Standards als Richtlinien für die Durchführung unserer Arbeit. Unsere Standards sind in unserer Firmentechnologie integriert	○	○
7. Wir überprüfen die Arbeitsergebnisse *während* des Prozesses	○	○
8. Wir ergreifen sofortige Maßnahmen zur Korrektur allfälliger Probleme oder Fehler	○	○

Die Ziele Ihrer Organisation

⇒ Das Festsetzen von Qualitätsstandards

4.4.2 Was stimmt nicht an dieser Geschichte?

Die Produktionsfirma XYZ hielt in einem exklusiven Country Club ein Organisationsmeeting auf höchster Ebene ab. Die Organisationsziele wurden überprüft und neu definiert. Jeder Bereichsleiter erstellte neue, effiziente Qualitätsstandards für die Arbeitnehmer und definierte strenge Kontrollen zur Erreichung dieser Standards. Ein Experte für Qualitätskontrolle, der vom Präsidenten des Unternehmens XYZ eingeladen worden war, präsentierte die allerneuesten Methoden der Qualitätskontrolle inklusive ausgeklügelter Formulare zur Planung und Dokumentation von Ergebnissen. Die neuen Verfahren wurden fertig ausgearbeitet und beschlossen. Die Bereichsleiter erhielten den Auftrag, sie ihren Arbeitnehmern zur unverzüglichen Umsetzung zu präsentieren. Von den Arbeitnehmern erwartete man, daß sie die neuen Kontrollmethoden schnell und vollständig übernehmen würden. Während der nächsten sechs Monate sollten sie in den neuen Methoden geschult werden.

Was stimmt Ihrer Meinung nach nicht an dieser Geschichte? (Die Antwort finden Sie in untenstehendem, verkehrtem Kästchen.)

Antworten der Autoren:

Wenn Sie sagen, daß der Plan die Beiträge der Arbeitnehmer vermissen ließ, dann haben Sie recht. Das Geheimnis jedes erfolgreichen Qualitätsprogramms besteht darin, daß die Standards von jenen Leuten erstellt werden, die sie auch anwenden sollen! Sicher, die Manager der höheren Ebenen werden sie ebenfalls anwenden, aber in dieser Geschichte haben die Manager Standards erstellt, die für alle Ebenen gelten.

Die meisten Manager der höheren Ebenen und Technikspezialisten wissen nicht wirklich über die grundlegenden Dinge Bescheid, die an einem bestimmten Arbeitsplatz ausschlaggebend sind. Irgendwann waren sie auch in die alltägliche Produktion involviert, aber Arbeitsabläufe und Konditionen verändern sich sehr rasch, und man verliert leicht den Anschluß an die Erfordernisse der täglichen Realität, die darin besteht, den Kundenanforderungen nachzukommen. Ihre Stärke ist die Bewahrung des Gesamtüberblicks.

Nur wenn alle Arbeitnehmer in die Erstellung der Richtlinien involviert sind, kann dem Qualitätsprogramm einer Firma Erfolg garantiert werden. Wenn die Manager den Input der Arbeitnehmer ignorieren, dann ignorieren sie damit die wertvollsten Grundlagen für die Entscheidung darüber, welche Ziele festgelegt und welche Standards zur Bewertung dieser Ziele definiert werden sollten. Wenn die Arbeitnehmer beim Erstellen der Standards helfen, kann die Führung sicher sein, daß jene Leute, die die Standards zu implementieren haben, sich ihnen auch verpflichtet fühlen.

4.4.3 Die neue Version der Geschichte

Die Produktionsfirma XYZ hielt in einem exklusiven Country Club eine wichtige Jahreskonferenz für alle Führungskräfte und Manager ab. Der Vorstand präsentierte einen Vorschlag für eine Tagesordnung, die eine Revision der Ziele und eine Vorschau auf das kommende Jahr umfaßte, einschließlich der Implementierung eines straffen neuen Qualitätskontrollprogramms. In kleinen Gruppen wurden die Ziele diskutiert und gebilligt, oder es wurden zusätzliche Überprüfungen vorgeschlagen. Durch Evaluation und Feedback ergaben sich neue und revidierte Ziele, die von Gruppenkonsens getragen wurden.

Eine Expertin für Qualitätskontrolle, die vom Generaldirektor eingeladen worden war, präsentierte die neuesten Methoden in der Qualitätskontrolle. Sie hielt dann kleine Gruppensitzungen ab, um jeder Abteilung zu helfen, die neuen Methoden in ihren Verantwortungsbereich zu integrieren. Die Qualitätsexpertin half den Managern, einen geeigneten Weg zu finden, um die Pläne den Arbeitnehmern zu präsentieren. Es war auch vorgesehen, daß die Arbeitnehmer um ihre Meinung und Zustimmung gefragt werden sollten. Die Expertin half den Managern auch, Schulungsprogramme zu entwickeln, damit die Arbeitnehmer auch imstande sein würden, den Plan zu implementieren.

Die Bereichsleiter vereinbarten ein neuerliches Treffen in sechs Wochen, um sich von ihren Abteilungsleitern berichten zu lassen. Auf der Basis dieser Berichte nahmen sie dann eine Neuabstimmung ihrer Ziele unter Einbeziehung der Beiträge der Mitarbeiter vor. Die endgültigen Ziele für das kommende Jahr wurden vom Generaldirektor der Firma sechs Wochen später bei einem Picknick bekanntgegeben, an dem alle Mitarbeiter teilnahmen. Innerhalb von drei Tagen nach dem Picknick fand jeder Teilnehmer in seiner Post eine schriftliche Bestätigung dieser Ziele.

♦ *Qualität ist Teamsache.*

Teil 5:

P.S. – Der Perfektionsstandard

5.1 Was ist »perfekt«?

> ◆ *Wenn Sie an Qualität ohne Grenzen glauben und
> Ihre beruflichen Angelegenheiten mit absoluter
> Integrität abwickeln, erledigt sich der Rest von selbst.*
> *Frank Perdue*

P.S. ist der **Perfektionsstandard**, nach dem Sie sich bei Ihrer Arbeit richten, um Qualität zu erreichen. Sie können auch persönliche Zufriedenheit als Ziel angeben, denn diese sollte ja das Ergebnis des Arbeitens gemäß vereinbarter Spezifikationen sein.

Wie sieht der »perfekte« Bericht aus, das »perfekte« Verkaufsgespräch, der »perfekte« Blumenübertopf? Qualitätskontrollexperten sind verschiedener Meinung darüber, anhand welcher Standards bestimmt werden sollte, wann eine fertige Arbeit »perfekt« genug ist, um für die nächste Arbeitsstufe oder zur Abgabe an den Kunden freigegeben zu werden. Qualitätskontrollexperten verwenden Ausdrücke wie »*null Fehler*« oder »*fehlerfrei*«, womit Produkte oder Dienstleistungen gemeint sind, die keine Fehler aufweisen. Dies ist eine Richtlinie.

Einige Qualitätsexperten meinen, daß Fehler unvermeidlich sind, da die Menschen nicht perfekt sind. Der Perfektionsstandard schlägt vor, daß Leute und Organisationen entscheiden sollten, wie weit sie sich mit ihren Produkten und Dienstleistungen der Perfektion annähern wollen; diese Entscheidung sollte auf den Ansprüchen der Kunden basieren. Dieser Perfektionsstandard sollte wenn möglich »null Fehler« lauten. Der P.S. berücksichtigt jedoch, daß Pfirsiche, die einem Gourmetgeschäft zum Verkauf angeboten werden, von höherer Qualität sind als solche, die in einem lebensmittelverarbeitenden Betrieb für eine Verarbeitung zu Pfirsichsaft ausgewählt werden.

Perfektion sollte eher als Ziel angesehen werden und nicht so sehr als etwas, was real erreicht werden kann. Ein Perfektionsstandard ist folglich also eine sinnvolle schriftliche Richtlinie, die den Arbeitnehmern hilft, ihre Dienstleistungen oder Produkte gemäß spezifischen festgelegten Anforderungen zu perfektionieren. Das Ergebnis sind selbstbewußte Arbeitnehmer, geeignete Produkte oder Dienstleistungen und zufriedene Kunden.

➡ Was ist »perfekt«?

5.1.1 P.S. (Perfektionsstandards)

Perfektionsstandards machen uns allen die Arbeit leichter. Sie erlauben es den Leuten, sich aufeinander zu verlassen. Wenn Sie einen P.S. haben, dann haben Sie ein Ziel, auf das Sie hinarbeiten können. So wie die Cheshire Katze zu Alice sagte: »Wenn du nicht weißt, wohin du gehen möchtest, dann kannst du mit jedem beliebigen Weg vorliebnehmen.« Mit P.S. wissen wir, welchen Weg wir gehen wollen, und wir haben Wegweiser, die uns helfen, dorthin zu gelangen, wohin wir wollen.

Nachstehend finden Sie zwanzig charakteristische Merkmale nützlicher Perfektionsstandards:

1. Ihre Perfektionsstandards sollten so nahe an der Null-Fehler-Grenze liegen, wie dies für Ihr Produkt oder Ihre Dienstleistung nur irgend möglich ist.

2. Sie sollten von allen betroffenen Arbeitnehmern geplant und gemeinsam beschlossen werden, wenn möglich unter Einbeziehung auch der Kunden.

3. Sie sollten klar und vollständig in schriftlicher Form festgehalten werden.

4. Sie müssen den Anforderungen der Kunden entsprechen.

5. Sie müssen ausführbar und verständlich sein.

6. Sobald die Richtlinien einmal erstellt sind, darf unter keinen Umständen von ihnen abgewichen werden.

7. Sie müssen vom höheren Management unterstützt werden (oder sie funktionieren nicht).

8. Ein P.S. entwickelt sich. Wenn der P.S. nicht funktioniert oder veraltet ist, sollte er geändert werden.

9. Neue Perfektionsstandards sollten nach Bedarf dazukommen. Alle beteiligten Arbeitnehmer müssen zustimmen und die neuen P.S. absegnen.

10. Sie sollten so verfaßt sein, daß die Kunden daraus genau entnehmen können, was sie zu erwarten haben.

11. Sie sollten eine »Perfektionshaltung« widerspiegeln.

→ Was ist »perfekt«?

12. Sie müssen ergebnisorientiert sein.

13. Sie sollten das Anerkennen von Leistung beinhalten.

14. Sie müssen ernstgenommen werden.

15. Sie müssen in ein fortlaufendes Schulungsprogramm integriert werden.

16. Sie müssen Unternehmensziele widerspiegeln.

17. Sie müssen für *alle* Funktionen einer Abteilung oder eines Unternehmensbereichs gelten.

18. Sie sollten nicht von einer Inspektion abhängig sein. Sie sollten unabhängig von einer Inspektion befolgt werden. Wenn etwas schiefgeht, sollte eine Inspektion erfolgen und die jeweilige Ursache gefunden und korrigiert werden.

19. Sie sollten mit Sorgfalt erstellt und befolgt werden.

20. Sie müssen effektiv und kontinuierlich vermittelt werden.

5.1.2 Lassen Sie die P.S. arbeiten: »Tun Sie es einfach!«

Um Perfektionsstandards zu erstellen, brauchen Sie eine Methode, nach der Sie Ihre Leistung bewerten können. Der anschließende Sieben-Stufen-Plan wird Ihnen helfen, Ihre P.S. zu erstellen und zu bewerten. Mit der richtigen Motivation sind Perfektionsstandards leicht zu erstellen. Dieser Plan enthält keine Zauberei; alles, was Sie tun müssen, ist, ihn Schritt für Schritt zu befolgen. Es ist ein absolut sicherer Weg, die Qualität Ihrer Arbeit sofort zu verbessern.

Ein Teil des P.S.-Sieben-Stufen-Planes besteht darin, Ihre Arbeit eher danach zu definieren, was Sie *beitragen,* als nach dem, was Sie *tun*. Anders ausgedrückt: Was machen Sie, damit die Firma besser läuft?

Beispiel

Maria ist Schulungsberaterin für technische Ausbildung. Als sie darüber nachdachte, was sie in ihrem Job tat, sagte sie zuerst, daß sie technische Schulungsprogramme für Mitarbeiter abhielt. Nach einer Diskussion mit ihrem Chef erweiterte sie ihre Definition und sagte, daß sie half, kompetente Leute heranzubilden. Zu sagen, welchen Beitrag sie leistet, ist eine positive Art, um auszudrücken, was sie tut.

5.2 Der Sieben-Stufen-Plan

Der Sieben-Stufen-Plan, der unten dargestellt wird, hilft Ihnen, Ihre wichtigsten arbeitsbezogenen Verantwortlichkeiten zu identifizieren und – je nach Maßgabe der Erfordernisse – spezifische Ziele zur Verbesserung der Qualität der einzelnen Aufgaben festzusetzen. Diese Schritte verschaffen Ihnen eine klare, folgerichtige Übersicht über Ihre Prioritäten und werden Ihnen dabei helfen, alles zu erledigen.

Schritt 1: Führen Sie Ihre wichtigsten Aufgaben an.

Schritt 2: Ordnen Sie Ihre Aufgaben nach Kategorien.

Schritt 3: Führen Sie die Endergebnisse jeder Aufgabe an.

Schritt 4: Listen Sie Tätigkeiten auf, die zum Endergebnis führen.

Schritt 5: Wählen Sie Ihre Bewertungsstandards.

Schritt 6: Wählen Sie für jede Aufgabe eine P-D-D-Option aus.

Schritt 7: Führen Sie spezifische Ziele zur Unterstützung Ihrer P-D-D-Option an.

Vorteil: Sie können den Sieben-Stufen-Plan auch dazu verwenden, andere Arbeitnehmer das Erstellen von Qualitätszielen zu lehren.

Machen Sie auf Seite 65 weiter, und beginnen Sie mit dem Sieben-Stufen-Plan.

Qualitäts-Eckpfeiler Nummer 2

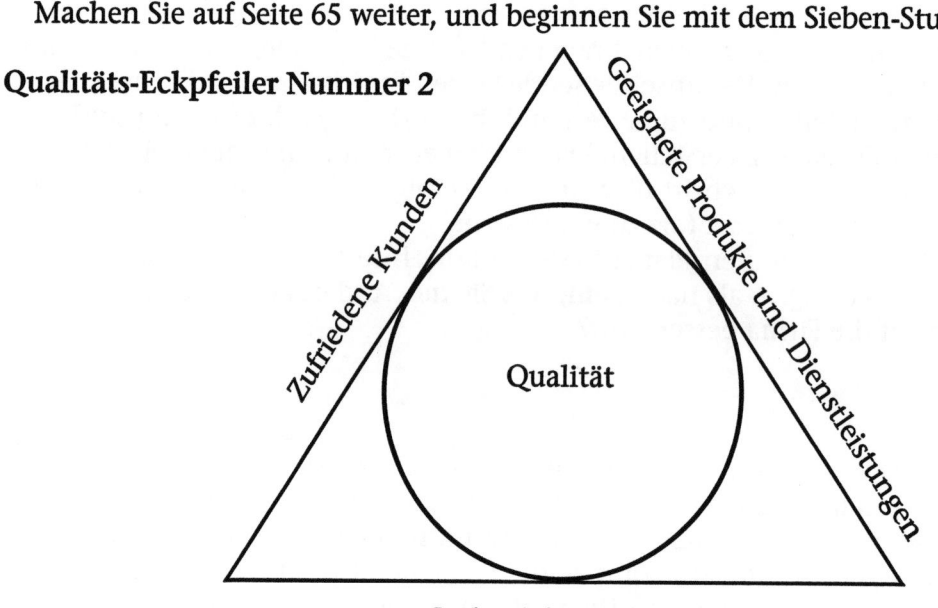

Zufriedene Kunden — *Geeignete Produkte und Dienstleistungen* — *Stolze Arbeitnehmer* — Qualität

➡ Der Sieben-Stufen-Plan

5.2.1 Schritt 1: Führen Sie Ihre wichtigsten Aufgaben an

Wählen Sie auf der Basis Ihrer Unternehmensziele und Ihrer eigenen Jobbeschreibung die drei wichtigsten Aufgaben aus, die Sie in Ihrem Beruf ausführen, und ordnen Sie sie nach ihrer Wichtigkeit. Später können Sie Ihre Liste erweitern und andere Aufgaben, die Sie bewerten wollen, hinzufügen. Indem Sie mit den drei wichtigsten Aufgaben beginnen, vermeiden Sie eine »Paralyse durch Analyse«.

Aufgabe 1: _____

Aufgabe 2: _____

Aufgabe 3: _____

5.2.2 Schritt 2: Ordnen Sie Ihre Aufgaben nach Kategorien

Bewerten Sie für die folgenden Kategorien jede Aufgabe auf einer Skala von 1 bis 5 (wobei 5 der höchste Wert ist):

	Aufgabe 1	Aufgabe 2	Aufgabe 3
• Hilft, Unternehmensziele zu verwirklichen	○	○	○
• Hilft, Abteilungsziele zu verwirklichen	○	○	○
• Stimmt mit meiner Jobbeschreibung überein	○	○	○
• Verschafft persönliche Zufriedenheit	○	○	○
• Trägt zum Unternehmenserfolg bei	○	○	○
• Macht Arbeit für Mitarbeiter angenehmer	○	○	○
• Bringt dem Unternehmen Gewinn	○	○	○
• Hilft, der Organisation eine führende Position zu verschaffen	○	○	○
• Ist langfristig von Wert	○	○	○

5.2.3 Schritt 3: Führen Sie das (die) Endergebnis(se) jeder Aufgabe an

Notieren Sie das Endergebnis jeder der drei wichtigsten Aufgaben, die Sie in Schritt 1 angeführt haben. Wie sieht jede Aufgabe aus, wenn sie beendet wurde? Diese beendeten Aufgaben sind Ihre Produkte oder Ihre Dienstleistungen, die Ihren definitiven Erwartungen oder den Erwartungen Ihres Chefs oder des Kunden entsprechen.

⇒ Der Sieben-Stufen-Plan

Beispiel:
Aufgabe: Schreiben von Serviceaufträgen
Endergebnis: Serviceauftrag an die Instandhaltungsabteilung geschickt

Aufgabe 1: _____

Endergebnis: _____

Aufgabe 2: _____

Endergebnis: _____

Aufgabe 3: _____

Endergebnis: _____

5.2.4 Schritt 4: Listen Sie Aktivitäten auf, die zum Endergebnis führen

Welche spezifischen Aktivitäten setzen Sie, um die oben angeführten Endergebnisse zu erreichen?

Beispiel:
Aufgabe: Schreiben von Serviceaufträgen
Endergebnis: Aufträge werden an die Instandhaltungsabteilung geschickt
Ausgeführte Arbeiten:
    Information vom Kunden einholen, Formular ausfüllen

Aufgabe 1: _____

Endergebnis: _____

Ausgeführte Arbeiten: _____

Aufgabe 2: _____

Endergebnis: _____

Ausgeführte Arbeiten: _____

➡ *Der Sieben-Stufen-Plan*

Aufgabe 3: _____

Endergebnis: _____

Ausgeführte Arbeiten: _____

5.2.5 Schritt 5: Wählen Sie Ihre Bewertungsstandards

Welche der Standards in der untenstehenden Liste werden Sie verwenden, um die drei Aufgaben zu bewerten? Die Bewertung hilft Ihnen festzustellen, ob Ihre Arbeit zufriedenstellend verläuft oder einer Verbesserung bedarf. Nicht jede Funktion jeder Aufgabe muß bewertet werden.

Ich will überprüfen: Aufgabe 1   Aufgabe 2   Aufgabe 3

- Quantität _____ O _____ O _____ O
- Qualität _____ O _____ O _____ O
- Kosten _____ O _____ O _____ O
- Zeit _____ O _____ O _____ O
- Genauigkeit _____ O _____ O _____ O
- Zufriedenheit des Kunden _____ O _____ O _____ O
- Flexibilität _____ O _____ O _____ O

5.2.6 Schritt 6: Wählen Sie eine P-D-D-Option für jede Aufgabe

Wählen Sie im folgenden Ihre P-D-D-Option. Ihre P-D-D-Option ist jener Standard, der für die betreffende Aktivität am besten geeignet ist. Welche Option ist die beste für Ihre spezifischen Aufgaben?

- Perfektionsoption: Keine Fehler, null Defekte, unflexibel
- Durchschnittsoption: Die bisherigen Resultate sind o. k., sehr flexibel
- Dehnungsoption: Vernünftiger Schwierigkeitsgrad, wenig flexibel

Für viele Aufgaben ist die Durchschnittsoption geeignet. Ihre Herausforderung wird in der Aufrechterhaltung Ihrer gewählten P-D-D-Option bestehen. Achten Sie darauf, daß Sie Ihre Optionen sorgfältig wählen, und führen Sie sie dann aus wie vorgesehen.

➡ Der Sieben-Stufen-Plan

5.2.7 Schritt 7: Listen Sie Ziele zur Unterstützung Ihrer P-D-D-Optionen auf

Welches ist Ihre wichtigste Bewertungsmethode
für die Aufgabe 1 (Schritt 5)? _____

Ihre gewählte P-D-D-Option (Schritt 6) für Aufgabe 1: _____

Listen Sie drei spezifische Ziele auf, die Ihnen bei der Aufrechterhaltung Ihrer P-D-D-Optionswahl helfen werden.

1. _____

2. _____

3. _____

Welches ist Ihre wichtigste Bewertungsmethode
für die Aufgabe 2 (Schritt 5)? _____

Ihre gewählte P-D-D-Option (Schritt 6) für Aufgabe 1: _____

Listen Sie drei spezifische Ziele auf, die Ihnen bei der Aufrechterhaltung Ihrer P-D-D-Optionswahl helfen werden.

1. _____

2. _____

3. _____

Welches ist Ihre wichtigste Bewertungsmethode
für die Aufgabe 3 (Schritt 5)? _____

Ihre gewählte P-D-D-Option (Schritt 6) für Aufgabe 1: _____

➡ Der Sieben-Stufen-Plan

Listen Sie drei spezifische Ziele auf, die Ihnen bei der Aufrechterhaltung Ihrer P-D-D-Optionswahl helfen werden.

1. _____

2. _____

3. _____

Die Ziele, die Sie sich in Schritt 7 gesteckt haben, sind Ihre ersten Schritte zur Bewertung und Verbesserung der Qualität der wichtigsten Aufgaben, die Sie ausführen. Jeden Monat können Sie eine neue Aufgabe hinzufügen, die Schritte bewerten und Ziele für eine Verbesserung setzen. Gleichzeitig können Sie Ihre ursprünglichen Ziele neu bewerten und entscheiden, ob Sie Veränderungen vornehmen wollen.

5.3 Ein aktionsorientierter Qualitätsplan

Wenn Sie mit dem Sieben-Stufen-Plan beginnen, werden die Qualitätsherausforderungen nicht verschwinden, aber Sie werden eine systematische Methode an der Hand haben, um mit diesen Problemen fertig zu werden. Folgende Herausforderungen können auf Sie zukommen: Probleme lösen, Gelegenheiten beim Schopf packen oder neue Ziele in Angriff nehmen. Die nachstehende Tabelle zeigt eine weitere einfache Methode zur Definition von Herausforderungen, mit denen Sie in Ihrem Arbeitsumfeld konfrontiert werden können.

Herausforderungen	Kernaufgaben	Datum der Fertigstellung	Wer ist verantwortlich?
Es gibt keine Qualitätsstandards für die Verkaufsmannschaft.	Machen Sie die Qualitätsübungen des Sieben-Stufen-Plans, um drei Prioritäten für die Verkaufsmannschaft zu definieren.	15. Oktober	Thomas Berger Regina Reinhardt
Der P.S.-Plan für die Datenverarbeitung ist veraltet.	Wählen Sie neue P-D-D-Optionen.	30. September	Doris Hübner Louise Burger

Das Erzielen von Resultaten

Wenn Sie Ihre Perfektionsstandards einmal beschlossen haben, müssen Sie Ergebnisse liefern. Wenn Sie die Ergebnisse nach der Anwendung der Perfektionsstandards überprüfen, stellen Sie sich die folgenden Fragen:

- Haben Sie die erwarteten Ergebnisse erreicht?
- Haben Sie irgendwelche Vorteile erzielt, die Sie nicht erwartet haben? Welche?
- Wie können Ihre positiven Ergebnisse noch weiter verbessert werden?
- Sollten Sie aufgrund der Resultate Veränderungen vornehmen? Welche?
- Gibt es irgendwelche negativen Ergebnisse? Welche?
- Können Sie diese verändern? Wie?

Teil 6:

Das »Wie man ...« der Qualität

6.1 Zehn Komponenten eines Qualitätsprogramms

> ◆ *In Zukunft wird es zwei Arten von Unternehmen geben – Unternehmen, die »Total Quality« implementiert haben, und solche, die nicht mehr im Geschäft sind.*
> *Robert Millar*

Dieses Kapitel befaßt sich mit grundlegenden Aspekten der Qualität aus der »Wie-man-...«-Perspektive. In seinem Buch »Believe and Achieve« erzählt Sam Cypert nachfolgende Geschichte über den legendären Coach des Green-Bay-Packer-Fußballteams, Vince Lombardi, und über die Grundlagen seines Erfolgs.

Als das Green-Bay-Packer-Fußballteam einmal besonders schlecht gespielt hatte, stieg der Trainer Lombardi in den Bus, hielt einen Ball hoch und sagte: »Leute, dies ist ein Fußball.« Hinten aus dem Bus hörte man einen Spieler antworten: »Langsam, Coach! Sie erklären viel zu schnell für uns...«

Da Qualität kein Gegenstand ist wie ein Fußball, ist sie schwieriger zu identifizieren. Wir können jedoch einzelne Komponenten der Qualität identifizieren. In diesem Kapitel werden wir neun handlungsorientierte Komponenten eines Qualitätsprogramms vorstellen und Ihnen einige grundlegende Richtlinien geben, wie Sie an jede einzelne Komponente herangehen können. Übungen werden vorgestellt, die Ihnen helfen sollen, diese Prinzipien bei Ihrer eigenen Arbeit anzuwenden.

Dies sind die zehn »Wie-man ...«-Komponenten eines Qualitätsprogramms:

Wie Sie ...

1. Qualitätsprobleme identifizieren und lösen
2. die Zufriedenheit des Kunden sichern
3. Resultate bewerten
4. qualitativ hochwertige Leistungen belohnen
5. Qualitätsgruppen schaffen
6. Qualitätsschulungen anbieten
7. die Kosten der Qualität bewerten
8. Ihr Qualitätsprogramm aufstellen
9. Ihr Qualitätsprogramm unterstützen
10. Qualitätsarbeit leisten

Zehn Komponenten eines Qualitätsprogramms

6.1.1 Wie man Qualitätsprobleme identifiziert und löst

Qualität basiert auf Problemvorbeugung. Wir können ein Problem nur verhindern, wenn wir den Prozeß im Griff haben. Perfektionsstandards (P.S.) sind das Mittel zur Verhinderung von Problemen. Sogar wenn Ihr Ziel »null Fehler« heißt, werden von Zeit zu Zeit Probleme auftreten, da die Leute, das Umfeld und die Materialien sich im Lauf der Zeit verändern. Engagement für Qualität bedeutet, den Prozeß zu stoppen und das Problem zu fixieren. Die folgenden Schritte werden Ihnen helfen, Qualitätsprobleme zu identifizieren und zu lösen.

Suchen Sie das Problem. Probleme tauchen für gewöhnlich nicht ohne irgendeine Form der Vorwarnung auf. Führungskräfte, die mit P.S. arbeiten, fragen bei ihren Leuten oft und persönlich nach, um zu sehen, wie die Dinge laufen. Die Top-Manager und leitenden Angestellten sollten sich jeden Teil des Arbeitsbereiches mit einer bestimmten Absicht im Hinterkopf ansehen. Tom Peters bezeichnet dies in seinem Buch »A Passion for Excellence« als MDH, als Management durch Herumgehen.

Während die Manager durch die Abteilungen gehen, vergleichen sie das, was sie sehen, mit den Perfektionsstandards. Sie fragen nach allfälligen Problemen und schaffen ein unterstützendes Umfeld, in dem die Arbeitnehmer frei über Probleme sprechen können. Wenn das Management die Ziele und die Perfektionsstandards nicht klar definiert hat, fühlen sich die Arbeitnehmer nicht wohl und sind unwillig, Probleme zu besprechen. Das Management kontrolliert Problemsituationen, indem es die Fehlerquellen kennt und schnell reagiert, wenn Fehler auftreten. Es bezieht jedermann ein, um die Probleme in Teamarbeit zu lösen.

Probleme anhand ihrer Wirkung identifizieren. Die Produktion geht wegen einer Grippeepidemie (Problem) um 20% zurück (Wirkung). Ein Kunde ist erbost (Wirkung), da er am Telefon drei Minuten warten mußte (Problem). Die Wirkung zeigt an, daß im Ablauf etwas vor sich geht, das nicht mit den P.S. in Einklang steht.

Alle Wirkungen überprüfen, um die Ursache herauszufinden. Ursachen sind die Gründe für Probleme. Einige Gründe sind offensichtlich. Andere Problemquellen sind weniger klar ersichtlich. So wie bei der Haut einer Zwiebel ist jede Schicht eine mögliche Ursache, und Sie müssen die einzelnen Schichten entfernen, um die Kernursache zu finden. Solange diese grundlegenden Ursachen nicht gefunden und fixiert sind, wird das Problem wahrscheinlich immer wieder auftreten.

Wenn Sie die Kernursache gefunden haben, teilen Sie das Problem allen Beteiligten mit und beziehen sich auf Ihren schriftlichen P.S. Wenn der P.S. veraltet oder nicht auf das Problem anwendbar ist, sollte er verändert werden.

Wirkung: 20% Produktionsrückgang
Grund: Grippeepidemie
Kernursache: Arbeitnehmern wurde kein Grippeimpfprogramm angeboten

Das »Wie man ...« der Qualität

➡ Zehn Komponenten eines Qualitätsprogramms

Wirkung: verärgerter Kunde
Grund: mußte am Telefon drei Minuten warten
Kernursache: überlastetes Telefonnetz

Korrigieren Sie die Kernursache. Beziehen Sie jedermann in die Suche nach der Kernursache mit ein, und korrigieren Sie diese. Mögliche Korrekturen für die gerade beschriebenen Problemen sind: (1) Impfung aller damit einverstandenen Arbeitnehmer und Aufstellung eines Eventualitätenplans für die nächste Grippeperiode. (2) Installierung zusätzlicher Telefonanschlüsse und Bereitstellung von zusätzlichen Telefonistinnen für die Spitzenzeiten.

Verstärken Sie die P.S., um in Zukunft die Probleme zu verhindern. Problemvorbeugung führt zu Qualität; eine Korrektur nach Auftreten des Problems tut dies nicht. Obwohl es schwer zu beweisen ist, meinen Experten, daß präventive Maßnahmen einen Rückgang der Probleme um 90% bringen. Hier handelt es sich um keinen sensationellen, trophäenträchtigen Ansatz, der auf den heroischen Leistungen von Einzelkämpfern basiert, sondern eher um eine langfristige Vorsorgemedizin, welche die Gesundheit und die Qualität des Unternehmens ohne großes Trara aufrechterhält. Das Resultat sind niedrigere Kosten, und die Mission wird zu Ende geführt.

Überprüfen Sie nochmals, um sicherzugehen, daß das Problem kein zweites Mal auftritt. Manche Probleme können durch die erste Lösung nicht vollständig beseitigt werden. Es ist daher notwendig, regelmäßige Überprüfungen vorzunehmen, um sicherzustellen, daß die Qualität gewährleistet bleibt.

Checkliste zur Problemlösung

Nachstehend finden Sie eine Checkliste, die Ihnen hilft herauszufinden, welche persönlichen Einstellungen und Arbeitssituationen Probleme schaffen können, wenn Sie nicht mit einer positiven Haltung an sie herangehen. Markieren Sie jene, die auf Sie zutreffen, und errechnen Sie am Ende dieser Seite Ihre Punktezahl.

	ja	nein
1. Ich arbeite aktiv, um die Qualität betreffende Managemententscheidungen in unserem Unternehmen zu unterstützen	O	O
2. Ich habe mein Ego unter Kontrolle und arbeite als Teammitglied, um Qualitätsziele zu erreichen	O	O
3. Ich bin mit der Qualität, so wie sie ist, zufrieden und wundere mich, wieso ein solcher Wirbel um die Qualität gemacht wird	O	O

➡ Zehn Komponenten eines Qualitätsprogramms

                                                                                       ja nein

4. Ich vertraue meiner eigenen Erfahrung und frage selten nach der Meinung anderer, wenn es darum geht, Qualitätsziele zu erreichen _____ O _ O

5. Ich hüte mich vor Scheuklappen und versuche immer, bei meinen Qualitätszielen das Wohl des gesamten Unternehmens im Auge zu behalten _____ O _ O

6. Ich arbeite begeistert auf meine Qualitätsziele hin, um die Arbeitsmoral in meiner Abteilung hochzuhalten _____ O _ O

7. Ich vermeide es, in der Vergangenheit zu schwelgen, in der die Dinge noch einfach waren, und nehme die Herausforderung des komplexeren Arbeitsplatzes von heute an _____ O _ O

8. Ich nutze selten die von meinem Unternehmen angebotenen professionellen Schulungen in Sachen Qualität und Problemlösung ___ O _ O

Antworten der Autoren:

Ja: 1, 2, 5, 6, 7. Nein: 3, 4, 8. Wenn Sie so geantwortet haben, dann befinden Sie sich auf dem Weg zur Qualität und sind eher Teil der Lösung als Teil des Problems. Sollten Sie anders geantwortet haben, dann überprüfen Sie Ihre Einstellung zur Qualität und korrigieren Sie sie entsprechend.

Das »Wie man ...« der Qualität

Übung zur Problemlösung

1. Wählen Sie in Ihrer Abteilung ein Produkt oder eine Dienstleistung aus, bei dem/der ein wiederkehrendes Problem auftritt. Legen Sie das Problem dar (Probleme sind Abweichungen von Standards).

2. Führen Sie die Wirkungen und die Konsequenzen des Problems an (alle Probleme werden durch ihre Wirkungen offenbar).

3. Notieren Sie die *Kernursachen*. Seien Sie objektiv. Mit dem Finger vorwurfsvoll auf eine Person zu zeigen, schafft nur böses Blut und hindert Sie daran, die wahre Ursache des Problems zu finden. Fragen Sie beteiligte Personen, wenn Sie bezüglich der Ursachen unsicher sind.

4. Legen Sie fest, welche Vorbeugemaßnahmen Sie ergreifen können.

5. Führen Sie Nachkontrollen durch, um Ihre Resultate zu verifizieren.

Blicken Sie den Tatsachen ins Auge

Sie können die vorhergehende Problemlösungs-Übung zusammenfassen, indem Sie sich nachfolgende Gedächtnishilfe einprägen. Sie wird Ihnen helfen, den *Tatsachen* ins Auge zu blicken, und Sie werden ein Problemlöser der Weltklasse werden.

- Stellen Sie den Sachverhalt fest
- Analysieren Sie Alternativen
- Wählen Sie, und implementieren Sie
- Evaluieren Sie die Ergebnisse

6.1.2 Wie man die Zufriedenheit der Kunden sichert

> ◆ *Qualität ist, was der Kunde als solche bezeichnet.*
> *Dr. Armand Feigenbaum*

Der erste und entscheidendste Qualitätstest besteht darin zu prüfen, ob ein Produkt oder eine Dienstleistung den Kundenanforderungen entspricht. Der Lohn für die Perfektionsstandards ist das Vertrauen der Kunden, wenn ein Produkt oder eine Dienstleistung über einen langen Zeitraum hinweg zuverlässig funktioniert hat. Der

➡ Zehn Komponenten eines Qualitätsprogramms

Erfolg ist Ihrem Unternehmen sicher, wenn sich Ihre Produkte oder Dienstleistungen mit Erfolg verkaufen und die Kunden Sie mit folgenden Worten weiterempfehlen: »Wir setzen in alles Vertrauen, was diese Firma verkauft.«

Viele Kunden sind leicht zufriedenzustellen. Sie wollen nur, daß wir das machen, was wir versprechen, und zwar zum angekündigten Zeitpunkt. Sie sind ebenso zufrieden – und überrascht –, wenn wir uns die Zeit nehmen, um nachzufassen und sie zu fragen, ob sie zufrieden sind. Die Idee eines Gesprächs im nachhinein ist nichts Besonderes, aber sie wird dennoch selten in die Tat umgesetzt. Stellen Sie sich vor, wie viele Komplimente und gute Ideen Sie zu hören bekämen, wenn Sie die Gespräche nach einem Verkauf eher als Gelegenheit und nicht als Bedrohung betrachten würden.

Einige interessante Statistiken zeigen Ihnen, warum Unternehmen Kunden verlieren:

- 1%   Verlust durch Todesfall
- 3%   ziehen um
- 4%   ist die natürliche Fluktuation
- 5%   wechseln aufgrund von Empfehlungen von Freunden
- 9%   können die Ware anderswo billiger beziehen
- 10%   sind chronische Nörgler
- 68%   gehen anderswohin, weil die Leute, mit denen sie zu tun haben, ihren Wünschen gleichgültig gegenüberstehen

Unsere Kunden sind nicht der Zuckerguß auf dem Kuchen – *sie sind der Kuchen.* Der Zuckerguß sind ein verbesserter Ruf und höhere Gewinne als Folge von Qualitätsarbeit.

Ermutigen Sie Kunden, Kritik zu üben

Sie und Ihre Kunden sollten Freunde sein. Abgesehen von fachkundigen Arbeitern kommen die besten Verbesserungsvorschläge von den Kunden. Eine geschickte Organisation nutzt diese Informationen, um Qualität und Service zu verbessern. Mehrere japanische Firmen haben die Kunden dazu ermutigt, Feedback zu geben, indem sie folgende Zeilen auf die Produktverpackung druckten:

»Schlechte Produkte ohne Klage zu akzeptieren, ist nicht unbedingt eine Tugend.«

Die meisten Kunden beklagen sich nicht. Sie wechseln stillschweigend zu einem anderen Produkt oder einer anderen Dienstleistung. Sie würden jedoch wahrscheinlich loyal bleiben, wenn man sie zur Beschwerde ermutigte und wenn als Resultat ihrer Beschwerden Maßnahmen zur Verbesserung des Produktes oder der Dienstleistung gesetzt würden. Sie können Ihre Kunden ermutigen, bei der Verbesserung eines Produkts mitzuhelfen, indem Sie sie bitten, Kritik zu üben.

Das »Wie man ...« der Qualität

➡ Zehn Komponenten eines Qualitätsprogramms

Die folgenden Richtlinien helfen dabei:

1. Machen Sie es Ihren Kunden einfach, sich zu beschweren. Verwenden Sie Beschwerdeformulare und Ortstarif-Telefonnummern, und bitten Sie persönlich die Kunden um Feedback.
2. Hören Sie sich die Beschwerde an. Stellen Sie Fragen. Bitten Sie um Vorschläge.
3. Achten Sie darauf, daß die Beschwerde die richtigen Leute erreicht.
4. Reagieren Sie rasch und mit dem Willen, das Problem zu lösen.
5. Ersetzen Sie defekte Produkte sofort und kostenlos.
6. Setzen Sie positive Schritte, um ein neuerliches Auftreten des Problems zu vermeiden.

Um dem Qualitätskonzept näher zu kommen, können Sie dieselben Tests sowohl für Ihre *internen* als auch für Ihre externen Kunden anwenden. Betrachten Sie die internen Kunden als Ihre persönlichen Kunden, nämlich die Kollegen, die die von Ihnen fertiggestellte Arbeit erhalten. Ihre persönlichen Kunden sollten Sie sogar noch besser behandeln als Ihre externen Kunden, *weil Sie sicher sind, daß Sie sie wiedersehen werden.* Das folgende Arbeitsblatt wird Ihnen helfen, Ihre persönlichen Kunden und die sie betreffenden Qualitätsziele zu identifizieren.

Arbeitsblatt für persönliche Kunden

1. Meine persönlichen Kunden sind:

   _____

   _____

   _____

2. Mein P.S.-Ziel für mein Produkt oder meine Dienstleistung ist auf Seite 68 angeführt (gehen Sie Schritt 7 Ihres Sieben-Stufen-Planes noch einmal durch).

   _____

   _____

   _____

➡ Zehn Komponenten eines Qualitätsprogramms

3. Beantworten Sie die folgenden Fragen mit ja oder nein:

	ja	nein
Erstelle ich meine P.S. unter Rücksichtnahme auf meine persönlichen Kunden?	O	O
Spreche ich regelmäßig mit meinen persönlichen Kunden?	O	O
Frage ich mich, ob ich gute Arbeit für sie leiste?	O	O
Frage ich meine Kunden, ob sie zufrieden sind?	O	O
Bitte ich um ehrliches Feedback oder ehrliche Vorschläge?	O	O
Betrachte ich meine Produkte oder Dienstleistungen aus der Perspektive »ich mache es für die anderen«?	O	O
Korrigiere ich Fehler, und erledige ich Probleme schnell und vollständig?	O	O
Überprüfe ich nochmals, um zu vermeiden, daß Fehler nochmals auftreten?	O	O
Nehme ich mein Produkt oder meine Dienstleistung selbst in Anspruch (falls anwendbar)?	O	O

6.1.3 Wie man Resultate bewertet

Kinder zählen Murmeln, Kaufleute zählen Geld, und Casanovas zählen Rendezvous! Alles, was wir tun, kann gemessen werden. In der Arbeitswelt brauchen wir genaue und zuverlässige Meßsysteme, die alle Vorgänge dokumentieren, aber gleichzeitig auch die Durchführung flexibler Messungen ermöglichen. Die Auswertungen der persönlichen Standards in Teil 2 sind Beispiele für intuitive, subjektive Bewertung.

Der erste Schritt bei der Beurteilung von Ergebnissen besteht darin, Informationen zu sammeln, um zu sehen, wo man steht. Diese *Basisdaten* dienen als Markierungen, die anzeigen, wie effektiv sich zukünftige Veränderungen und Bemühungen auf die Verbesserung der Leistungen auswirken werden. Miserable Daten führen zu miserablen Entscheidungen. Nehmen Sie sich die Zeit, gründlich zu messen, und sichern Sie sich die Unterstützung desjenigen Arbeitnehmers, dessen Arbeit gemessen wird.

➡ Zehn Komponenten eines Qualitätsprogramms

Was zu messen ist:

- Quantität (Geld, produzierte Stückzahl, Seiten)
- Kosten (Geld, Budgetüberschreitung, Budgetunterschreitung, Gewinn, Verlust, Gewinnschwelle)
- Zeit (Minuten, Stunden, Überstunden, »Unterstunden«, Zeitersparnis)
- Genauigkeit (Fehler, Defekte, Perfektionsgrad, Zoll, Präzision, Korrekturen)
- Flexibilität (Geschwindigkeit der Veränderung und der Anpassung an neue Anforderungen)
- Zufriedenheit der Kunden (Komplimente, Beschwerden, Auftragssteigerungen)

Wann bewertet wird:

Bewertungen nehmen Sie am besten zu dem Zeitpunkt vor, zu dem Sie das genaueste Bild von dem bekommen, was vorgeht. Dieser »Schnappschuß« sollte die Realität erfassen, ohne die Ergebnisse zu beeinflussen. Wenn die Bewertung die Resultate beeinflußt, dann registrieren Sie nicht die Leistung, sondern die Reaktion auf die Bewertung. Manchmal wollen Sie das tun – die Bewertung als Motivationsfaktor benutzen. Der Nachteil ist, daß Sie so nicht länger die Realität erfassen.

»Werkzeuge« zur Bewertung:

- Beobachtung
- Kundenbefragungen (beachten Sie das nachfolgende Beispiel)
- Vor- und Nachbewertungen (Vor- und Nachtests)
- Primärdaten, die Sie sammeln
- Sekundärdaten, die Sie von anderen bekommen
- Liniendiagramme (die Datenpunkte werden über Tage/Wochen/Monate aufgezeichnet und dann durch Linien miteinander verbunden)
- Balkendiagramme (kumulative Daten werden in Balken zusammengefaßt, um Vergleiche zwischen Gesamtzeit, Geld, Fehlern oder Arbeitsstunden zu ermöglichen)
- Kontrolldiagramme (Linien- und Balkendiagramme werden mit horizontalen Linien versehen, um die oberen und/oder unteren Toleranzgrenzen darzustellen)

Bei Bewertungen zu beachten:

- Informieren Sie die Leute über das Bewertungssystem.
- Geben Sie die Gründe für die Bewertung an.
- Lassen Sie die Leute wissen, was mit den Ergebnissen passiert.
- Bewerten Sie so, daß der eigentliche Prozeß durch die Bewertung nicht beeinflußt wird.
- Prüfen Sie diskret, ohne zu spionieren.

⇢ Zehn Komponenten eines Qualitätsprogramms

Kundenbefragung über die Qualität (Beispiel)

Wir schätzen Sie als Geschäftspartner und wollen auch weiterhin qualitativ hochwertige Produkte und Dienstleistungen bereitstellen, die Ihren Spezifikationen entsprechen. Natürlich würden wir dies auch gern zeitgerecht tun. Bitte beantworten Sie die folgenden Fragen, und unterstützen Sie uns so in unseren kontinuierlichen Bemühungen, hohen Qualitätsstandards gerecht zu werden. (Bewertungsskala: 1 = niedrigste Bewertung, 5 = höchste Bewertung)

1. Wie würden Sie unsere Reaktionsfähigkeit auf Ihre Bedürfnisse beurteilen? _____ 1 2 3 4 5

2. Wie würden Sie die Liefer-/Übermittlungsmodalitäten der Produkte/Dienstleistungen beurteilen? _____ 1 2 3 4 5

3. Wie zeitgerecht arbeiten wir Ihrer Einschätzung nach? _ 1 2 3 4 5

4. Verändern wir uns gemäß Ihren sich ändernden Bedürfnissen? _____ 1 2 3 4 5

5. Wie würden Sie unsere direkte Zusammenarbeit beurteilen? _____ 1 2 3 4 5

6. Wie würden Sie unseren telefonischen Kontakt beurteilen? _____ 1 2 3 4 5

7. Wie beurteilen Sie unsere nachfassenden Bemühungen (nach dem Verkauf)? _____ 1 2 3 4 5

8. Welchen Gesamteindruck haben Sie von unserer Qualität? _____ 1 2 3 4 5

9. Fördern unsere persönlichen Standards unsere Geschäftsbeziehungen? _____ 1 2 3 4 5

10. Wie beurteilen Sie die Qualität unserer Kommunikation? _____ 1 2 3 4 5

Allgemeine Bemerkungen: _____

Danke für Ihr Feedback!

➡ *Zehn Komponenten eines Qualitätsprogramms*

6.1.4 Wie man Qualitätsleistungen belohnt

Mögen Sie es nicht auch gern, wenn Sie etwas bekommen? Es ist nett, zum Geburtstag und zu Weihnachten materielle Geschenke zu bekommen. Es ist aber auch sehr erfreulich, immaterielle Geschenke wie Würdigung, Komplimente oder Anerkennung zu bekommen. Das Belohnungssystem in Ihrer Firma kann sehr formal oder auch relativ informell sein. Es sollte aber auf jeden Fall zielgerichtete Aktivitäten anerkennen und fördern.

Was belohnt werden soll

- Belohnen Sie Ergebnisse stärker als Bemühungen.
- Belohnen Sie Bemühungen, die direkt spezifische Ziele unterstützen.
- Belohnen Sie außergewöhnliche Leistungen eher als Routineaufgaben.
- Belohnen Sie Leistungen, die als gutes Beispiel für andere dienen.

Wann belohnt werden soll

- So bald wie möglich, nachdem die Leistung erbracht wurde.
- Belohnen Sie eher in der Öffentlichkeit als im privaten Kreis.
- Belohnen Sie, wenn das Beispiel die Leistungen anderer Arbeitnehmer verbessert.
- Belohnen Sie, wenn es die Verpflichtung zur Qualität gegenüber Ihren Kunden verstärkt.
- Belohnen Sie, wenn es die persönlichen und die Unternehmensstandards unterstützt.

Wie belohnt werden soll

- Beginnen Sie mit häufigen Belohnungen.
- Allmählich fordern Sie mehr/bessere Leistungen, bevor Sie belohnen.
- Gehen Sie sicher, daß Sie die kleinen Dinge belohnen, die zur Qualität beitragen.
- Definieren Sie spezifisch, was Sie belohnen.
- Seien Sie so ehrlich wie möglich.
- Zeigen Sie Ihre Gefühle und Ihre Wertschätzung für die Leistung.
- Machen Sie die Anerkennung guter Leistungen von Rentabilität und Kundenzufriedenheit abhängig.

> ◆ *Eine Belohnung kann auch ein freundlicher Brief oder ein Memo sein.*

→ Zehn Komponenten eines Qualitätsprogramms

6.1.5 Wie man Qualitätsgruppen zusammenstellt

> ◆ *Meiner Meinung nach liegt die größte Stärke unserer Qualitätssteigerungsstrategie im absoluten Vertrauen in die Beiträge jener Leute, die die Probleme wirklich kennen – und die wissen, wie man sie löst.*
>
> John Ankeny

In qualitätsbewußten Unternehmen gibt es zahlreiche Strukturen, die das Engagement für Qualität fördern. Hier ein Überblick:

Qualitätszirkel

Wenn Sie in einem großen Unternehmen arbeiten, dann haben Sie vielleicht schon von Qualitätszirkeln gehört oder sogar schon daran teilgenommen. Dies sind Gruppen von Arbeitnehmern, die sich freiwillig treffen, um zu überlegen, wie Qualität und Produktivität verbessert werden könnten, und die dieses Wissen dann auf Probleme der Organisation anwenden. Der ursprüngliche Grundgedanke sah wöchentliche Meetings vor, die folgendes beinhalteten:

- Schulungen für Leiter und Mitglieder
- Projektauswahl
- Datensammlung/Datenüberprüfung
- Implementierung von Lösungen
- Managementpräsentationen
- Auswahl neuer Projekte

Die Erfahrung, die die Autorin mit dem Management von Qualitätszirkeln bei National Semiconductor machte, führte zu spezifischen Änderungen, die schnelle und sichtbare Ergebnisse des Programms möglich machten, so daß die Unterstützung seitens der Organisation gesichert war. Diese Änderungen beinhalteten:

- Kleinere Projekte.
- Auswahl nur solcher Projekte, die eine direkte Auswirkung auf das Unternehmen haben.
- »Mini«-Managementpräsentationen, um alles auf den neuesten Stand zu bringen und um die Ängste der Mitglieder abzubauen.

Diese und andere formale Änderungen wurden im Laufe der letzten Jahre von Hunderten Gruppen getestet. Das Qualitätsteam führt die Entwicklung fort, indem der Teilnehmerkreis stark erweitert und die Anzahl der pro Jahr fertiggestellten Projekte dramatisch erhöht wird.

Der Qualitätsrat

Eine Alternative zum Konzept des Qualitätszirkels ist die Idee des Firmenqualitätsrates. Dem Firmenqualitätsrat gehören Mitglieder aller Unternehmensbereiche ebenso wie Vertreter der verschiedenen Management- und Leitungsebenen an. Die Gruppe trifft sich regelmäßig, um firmeninterne Qualitätsprobleme zu identifizieren, zu analysieren und zu korrigieren. Die Problemlösung wird abteilungsübergreifend durchgeführt.

Rolestorming

Rolestorming ist eine Kombination aus verschiedenen Arten von Gruppen, wobei eine Technik angewendet wird, die von den Autoren entwickelt wurde, um Konsensbildung, Kreativität und das Erbringen von Qualitätsleistungen zu fördern. Die Zusammensetzung dieser Gruppe, die Zeiten der Meetings und andere Einzelheiten sollten für die Bedürfnisse Ihres Unternehmens maßgeschneidert sein.

Rolestorming ist Teil eines Vorgangs, den man Profile-Scans* nennt und bei dem die Vorschläge der Gruppe in ungefähr einer Stunde gesammelt, ausgearbeitet und fokussiert werden. Rolestorming verlangt von jedem Mitwirkenden eine Kombination aus Rollenspiel und Brainstorming, um das ideengenerierende Potential im Raum zu verstärken. Und so wird's gemacht:

1. Stellen Sie sich vor, Sie hätten ein Interesse an dem Meeting, könnten aber nicht anwesend sein.
2. Stellen Sie sich ihre Gedanken, Ziele, Probleme und Sorgen vor.
3. Machen Sie aus ihrer Perspektive ein Brainstorming zu den Ideen und Kommentaren über die diskutierten Qualitätsthemen.

Das Q-Forum

Das Q-Forum ist ein Schulungsausschuß, der sich aus internen und externen Sachverständigen, Vortragenden und Praktikern zusammensetzt. In der Praxis bringt ein solches Forum Expertenwissen zu Qualitätsfragen ein und macht die Experten für die einzelnen Arbeitnehmer persönlich zugänglich. Eine Variation des Q-Forums ist ein Einladungsmeeting, bei dem einzelne Experten und Abteilungsleiter eingeladen werden, detailliert über ihre Erfahrungen im Bereich Qualität zu sprechen.

---

* Profile-Scans ist ein Warenzeichen der Manfit-Management Fitness Systems.

→ Zehn Komponenten eines Qualitätsprogramms

Annas Geschichte

Anna ist für das Qualitätsprogramm ihrer Abteilung verantwortlich. Ihre Abteilung ist für die Kundenbelieferung einer großen Softwareentwicklungsfirma zuständig. Die Abteilung hat folgende Perfektionsstandards aufgestellt:

1. Bei Kundenanrufen spätestens nach dem dritten Läuten den Hörer abnehmen.
2. Jeden Kunden so behandeln, wie man selbst gerne behandelt werden möchte.
3. Eine Reaktionszeit von zwei Stunden bei allen Anrufen.

Obwohl Anna sich der Qualität verpflichtet fühlt, ist sie schüchtern und zögert einzugreifen, wenn sie ein Problem sieht. Schließlich sind die Leute in ihrer Abteilung wieder zu der alten Art des Umgangs mit Kundentelefonaten zurückgekehrt, und die neuen Qualitätsziele scheinen in Vergessenheit geraten zu sein. Welche der folgenden Vorschläge sollte Anna befolgen, um wieder Schwung in ihre Abteilung zu bringen?

- Ein Qualitätsmeeting für die ganze Abteilung einberufen _____ O
- Das Problem ignorieren _____ O
- Mit ihrem Chef sprechen _____ O
- Weiterhin ein gutes Beispiel für Qualität geben _____ O
- Die Mitarbeiter kritisieren, weil sie die Qualitätsziele nicht erreichen _____ O
- Einen Dale-Carnegie-Kurs besuchen _____ O
- Die Leute individuell überprüfen, um zu sehen, wie sie mit ihren Zielen zurechtkommen _____ O
- Sich einen Überblick verschaffen, um zu sehen, wo die Qualitätsprobleme liegen _____ O
- Einen Q-Ausschuß zusammenstellen und ein Rolestorming veranstalten ____ O
- Das Unternehmen verlassen _____ O

Antworten der Autoren:

Anna sollte zuerst mit ihrem Chef sprechen. Sie sollte erklären, daß sie unsicher ist, und um Hilfe bitten. Mit der Unterstützung ihres Chefs sollte sie die Leute individuell überprüfen, um zu sehen, wie sie mit ihren Zielen zurechtkommen. Eine Studie zu diesem Thema wäre ebenfalls hilfreich. Nachdem sie das Feedback eingeholt hat, sollte sie ein Abteilungsmeeting einberufen und einen Q-Ausschuß bilden, um einige der Qualitätsprobleme zu lösen. In der Zwischenzeit sollte Anna in Sachen Qualität weiterhin mit gutem Beispiel vorangehen und vielleicht ein Seminar zur Stärkung ihres Selbstvertrauens belegen.

Das »Wie man ...« der Qualität

➡ Zehn Komponenten eines Qualitätsprogramms

Die Erfahrung, die die Autoren mit Beratung im Bereich Finanzen, Hochtechnologie und bei staatlichen Organisationen sammeln konnten, zeigt, warum einige Qualitätsgruppen über längere Zeit hinweg erfolgreich sind, während andere relativ rasch scheitern. Nachstehend finden Sie einige Richtlinien zur Zusammenstellung erfolgreicher Arbeitsgruppen.

Das Bilden von Gruppen

Bevor Sie irgendeine Art von Qualitätsgruppe bilden, überzeugen Sie sich, daß Sie die grundlegenden Dinge erledigt haben, bevor Sie weitergehen. Beziehen Sie alle mit ein, indem Sie sie davon informieren, welchen Zweck die Gruppe hat, welche Ziele sie verfolgt und welche Unterstützung sie braucht, um effektiv zu sein.

1. Beginnen Sie mit Freiwilligen, die ihre Sache gut machen.
2. Lehren, trainieren und schulen Sie diese in persönlicher und Arbeitsqualität.
3. Definieren Sie gemeinsam mit dem Management Ziele und Prioritäten.
4. Erhöhen Sie die Teilnehmerzahl, um einen größeren Prozentsatz der Belegschaft zu involvieren.

Das Führen einer Gruppe

1. Wählen Sie einen begeisterungsfähigen und in Qualitätsfragen geschulten Gruppenleiter (bzw. seien Sie einer).
2. Sammeln Sie Beiträge und Vorschläge aus dem gesamten Unternehmen.
3. Definieren Sie für jedes Mitglied spezifische Aufgaben und Ergebnisse.
4. Konzentrieren Sie Ihre Anstrengungen auf kritische Prioritäten des Unternehmens.
5. Erhöhen Sie die Teilnehmerzahl weiter.

Die Teilnahme an der Gruppe

1. Nehmen Sie daran teil wie vereinbart.
2. Arbeiten Sie mit anderen Gruppenmitgliedern und mit anderen Arbeitnehmern des Unternehmens zusammen.
3. Sagen Sie, wann Sie einverstanden oder nicht einverstanden sind.

Projektauswahl

1. Holen Sie sich soviel Input vom Management wie möglich.
2. Halten Sie sich an kritische Prioritäten des Unternehmens.
3. Beginnen Sie mit Kurzzeitprojekten, um Vertrauen und Fähigkeiten zu entwickeln.

➡ Zehn Komponenten eines Qualitätsprogramms

Die Präsentation vor dem Management

1. Planen Sie Besprechungen ein, wenn es etwas Wichtiges zu präsentieren gibt.
2. Lassen Sie die gesamte Arbeitsgruppe daran teilnehmen.
3. Holen Sie sich vom Management Feedback, ob es mit den derzeitigen Aktivitäten der Arbeitsgruppe zufrieden ist.
4. Fragen Sie das Management nach Änderungen bei Plänen, Prioritäten und Strategien.

Wann eine Arbeitsgruppe aufgelöst werden sollte

1. Wenn die Qualitätsziele des Unternehmens nicht mehr erreicht werden.
2. Wenn die Arbeitsgruppe keine Unterstützung erhält.
3. Sobald Sie alle Qualitätsprobleme gelöst haben!

Checkliste für Qualitätsgruppen

Die folgende Checkliste wird Ihnen helfen, eine Qualitätsgruppe zu planen. Wenn Sie alle Fragen mit Ja beantworten, sind Sie bereit, eine Qualitätsgruppe zu bilden und mit der Diskussion über Qualitätsprobleme und -lösungen zu beginnen.
Drei Richtlinien sind hier hilfreich:
    1. Seien Sie kreativ.
    2. Seien Sie positiv eingestellt.
    3. Haben Sie Spaß!

	ja	nein
1. Haben wir die Unterstützung des Managements für die Bildung einer Qualitätsgruppe?	O	O
2. Wird sich das Management daran beteiligen?	O	O
3. Haben wir mit dem Management gemeinsame Ziele und Prioritäten definiert?	O	O
4. Wurden alle von der Notwendigkeit einer Qualitätsgruppe informiert?	O	O
5. Steht ein Besprechungsraum zur Verfügung?	O	O
6. Haben wir den Leuten Memos geschickt, um sie zur Teilnahme einzuladen? (Die Teilnahme sollte freiwillig sein.)	O	O

Das »Wie man ...« der Qualität

➡ Zehn Komponenten eines Qualitätsprogramms

		ja	nein

7. Haben wir einen Leiter bestimmt, der in der Führung einer Qualitätsgruppe Erfahrung hat? _____ O — O

8. Haben wir uns über die Art der Gruppe geeinigt? (Qualitätszirkel, Qualitätsrat, Q-Forum, andere Formen) _____ O — O

9. Wissen wir genau, welche Qualitätsziele wir diskutieren wollen? _____ O — O

10. Haben wir eine Tagesordnung? _____ O — O

11. Wurde jemand bestimmt, der die Ergebnisse des Meetings niederschreibt und schriftliche Zusammenfassungen an alle Beteiligten schickt? _____ O — O

12. Haben wir bestimmte Zeiten für Beginn und Ende vereinbart? _____ O — O

13. Haben wir Zeit für Diskussionen und Pausen eingeplant? _____ O — O

14. Haben wir der Arbeitsgruppe einen Namen gegeben? _____ O — O

15. Haben wir den Input und die Ideen aller Beteiligten gesammelt? _____ O — O

16. Haben wir uns überlegt, wie wir nach unserem Meeting Feedback von der Gruppe einholen wollen? _____ O — O

Zehn Komponenten eines Qualitätsprogramms

6.1.6 Wie man Ausbildung in Sachen Qualität bietet

◆ *Qualität beginnt und endet mit der Ausbildung.*
Kaoru Ishikawa

◆ *Der erste und wichtigste Faktor des Managements ist die Schulung.*
Peter F. Drucker

Thomas Gilbert bricht in seinem Buch »Human Competence« eine Lanze für die Schulungen, indem er erklärt:

Erfolgreiches Management ist gleichzusetzen mit:
- klaren Erwartungen
- adäquater Führung bei der Umsetzung
- den bestmöglichen Hilfsmitteln
- großzügigen Belohnungen
- zweckmäßigen Schulungen

Schulungen können sich auf aktuelle Erfordernisse oder auf zukünftige Entwicklungen konzentrieren. Die persönliche und die arbeitsbezogene Qualität spiegeln Einstellungen, Fertigkeiten, Meinungen und Werte wider, die im Laufe der Jahre erworben wurden. Die besten Trainingsprogramme tragen der Tatsache Rechnung, daß es schwer ist, mit althergebrachten Gewohnheiten zu brechen. Dies bedeutet, daß Sie mehr Erfolg haben werden, wenn Sie sich auf Training in entscheidenden Bereichen konzentrieren und für den Langzeitansatz entscheiden. Schulungen sind eine persönliche Sache, aber auch eine Sache des Managements.

Tips für Schulungen

1. Stimmen Sie sie mit den Unternehmenszielen ab.
2. Holen Sie Vorschläge vom Management und von den Schulungsteilnehmern ein.
3. Prüfen Sie, ob die spezifischen Ziele erfüllt werden.
4. Versuchen Sie, für die in den Schulungen erworbenen Fertigkeiten praktische Anwendungen zu finden.
5. Betrachten Sie Schulungen *niemals* als Luxus.
6. *Beginnen* Sie Einsparungsmaßnahmen niemals, indem Sie die Ausgaben für Schulungen reduzieren.

➠ Zehn Komponenten eines Qualitätsprogramms

Ihre »Zu-erledigen«-Liste für den Anfang

Markieren Sie jene Punkte, die Sie in Ihr Programm aufnehmen wollen.

	das will ich tun	bis (Datum)

1. Vollständige Aufstellung der Anforderungen, um Ziele entwickeln zu können _____ ○ _____

2. Budget (für das komplette Programm) _____ ○ _____

3. Beratungsquellen selektieren und aktualisieren _____ ○ _____

4. Wählen des geographischen Ortes _____ ○ _____

5. Ausbilder auswählen _____ ○ _____

6. Ausbilder engagieren/vorbereiten _____ ○ _____

7. Kursziele nochmals überprüfen _____ ○ _____

8. Unterrichtsmaterialien erstellen/vorbereiten _____ ○ _____

9. Seminarräume aussuchen und reservieren _____ ○ _____

10. Nötige Ausrüstung aussuchen, bestellen und testen ___ ○ _____

11. Methode zur Ergebnisbewertung festlegen _____ ○ _____

12. Festlegen, wie die Teilnehmer ausgewählt werden sollen _____ ○ _____

13. Mit den Mitarbeitern die Trainingsziele besprechen ___ ○ _____

14. Teilnehmer rechtzeitig benachrichtigen (Datum, Ort etc.) _____ ○ _____

15. Nötige Korrekturen oder Änderungen durchführen ____ ○ _____

Andere Ideen:

16. _____ _____ ○ _____

17. _____ _____ ○ _____

➡ Zehn Komponenten eines Qualitätsprogramms

Beurteilen Sie Ihr Qualitätstrainingsprogramm

Beantworten Sie die folgenden Fragen, um Ihr Qualitätstrainingsprogramm zu beurteilen:

                                                                                 ja nein

1. Wir haben in unserem Unternehmen ein aktives Qualitätstrainingsprogramm _____ O _ O

2. Unser Qualitätsschulungsprogramm wird vom oberen Management konsequent unterstützt _____ O _ O

3. Das Management liefert den folgenden Input für unser Qualitätsschulungsprogramm:

   _____

4. Unser Qualitätsschulungsprogramm kann wie folgt beschrieben werden:

   _____

5. Die Arbeitnehmer liefern folgenden Input für unser Qualitätsschulungsprogramm:

   _____

6. Unser Qualitätstrainingsprogramm weist folgende Stärken auf:

   _____

7. Wir können unser Qualitätsschulungsprogramm auf folgende Art und Weise verbessern:

   _____

8. Die Qualitätsschulungen werden in unserem Unternehmen in folgender Art und Weise weiterverfolgt:

   _____

   _____

| Das »Wie man ...« der Qualität |

➡ Zehn Komponenten eines Qualitätsprogramms

9. Praxisbezogene Anwendungen des Qualitätstrainings werden wie folgt implementiert:

_____

                                                                                          ja nein

10. Die Qualitätsschulungen in unserem Unternehmen sind kosteneffektiv _____ O _ O

6.1.7 Wie man die Kosten der Qualität bewertet

Wieviel kostet Qualität? Das ist ein Problem – Sie brauchen eine Methode, um sowohl den Preis, den Sie derzeit für Qualität zahlen, als auch den Preis, den Sie zahlen würden, wenn Sie ein neues oder strengeres Qualitätsprogramm einführten, abschätzen zu können. Nach der Einführung müssen Sie die Kosten kontinuierlich kontrollieren, um das Programm zu überwachen. Kosten sind ein wichtiger Faktor bei Verbesserungen. Als allererstes wollen wir den Begriff Qualitätskosten definieren.

Unter Qualitätskosten versteht man:
- Das, was es kostet, Probleme zu verhindern und zu korrigieren.
- Den kombinierten Preis von Konformität und Nichtkonformität.

Philip Crosby präzisiert diese Definition und sagt, daß sich die Qualitätskosten in drei Kategorien unterteilen lassen: *Vorbeugungskosten, Bewertungskosten* und *Schadenskosten.*

Konformität stellt sicher, daß von Anfang an alles richtig gemacht wird. Dies beinhaltet das Identifizieren von Anforderungen und Spezifikationen, das Kommunizieren von Anforderungen und Spezifikationen sowie Vorkehrungsmaßnahmen, damit alles gleich beim ersten Mal richtig gemacht wird.

Nichtkonformität führt zur Wiederholung von Aktivitäten und dazu, daß Erwartungen nicht erfüllt werden. Sie vergeudet Zeit und Ressourcen, macht intensive Kontrollen nötig, und ihre Korrektur ist zehnmal teurer als ihre Verhinderung von vornherein.

Sie sollten die Qualitätskosten regelmäßig evaluieren, und zwar sowohl im beruflichen Bereich als auch in Ihrem Privatleben. Wenn auf Präventivmaßnahmen zu wenig Augenmerk gelegt wird, erhöhen sich die Kosten der Probleme; dies ist ein

⇒ Zehn Komponenten eines Qualitätsprogramms

Weg, wie Sie sich selbst auf ein Nachlassen bei den Qualitätskontrollen aufmerksam machen können.

Qualität im Berufsleben: Um die Kosten für Qualität im Berufsleben bewerten zu können, sollten Sie überprüfen, ob Sie die Kosten folgender Faktoren berücksichtigt haben:
- Vorkehrungsmaßnahmen zur Verhinderung von Problemen im vorhinein
- Inspektion von Produkten und Dienstleistungen
- Schäden und Defekte, die vor der Lieferung des Produktes/der Dienstleistung auftreten
- Schäden und Defekte, die nach der Lieferung des Produktes/der Dienstleistung auftreten

Qualität im Privatleben: Die persönlichen Kosten für Qualität umfassen die Zeit, das Geld und die emotionale Energie, die es kostet, das Leben auf einem hohen Qualitätsstandard zu lernen und zu praktizieren. Sie schließen auch die verlorene Zeit ein, den vergeudeten guten Willen, das verlorene Geld und die vergebenen Möglichkeiten eines nicht qualitätsbewußten Lebens. Überprüfen Sie, ob Sie folgende Kosten berücksichtigt haben:
- Präventive Schulungen oder »lerne es, ehe du es brauchst«
- Präventive Planung und Strategien
- Die Zeit, die es kostet, Standards auszuarbeiten
- Probleme, die entstehen, weil unsere Aktivitäten nicht mit den Standards übereinstimmen
- Probleme, die anderen entstehen, weil wir die Standards nicht erfüllen
- Probleme, die durch falsche Perfektionsstandards und durch falsche P-D-D-Optionen verursacht werden

Führen Sie ein Kostentagebuch

Führen Sie ein Tagebuch ähnlich dem unten gezeigten, in dem Sie alle Kosten verzeichnen, die Ihnen erwachsen, weil Sie Ihre Qualitätsziele nicht erreichen. Dies können sowohl persönliche als auch geschäftliche Kosten sein, und sie können sich sowohl auf Zeit und Personen (verlorene Zeit, verletzte Gefühle) als auch auf Geldwert in Zahlen beziehen. Führen Sie auch über Ihre monatlichen Qualitätsfortschritte Aufzeichnungen, besonders dann, wenn Sie neue Ziele in Ihren Sieben-Stufen-Plan aufgenommen haben.

Das »Wie man ...« der Qualität

⇒ Zehn Komponenten eines Qualitätsprogramms

Kostentagebuch		
Kosten Jänner persönl. geschäftl. _____ _____ Ersparnisse durch Präventivmaßnahmen _____	**Kosten Februar** persönl. geschäftl. _____ _____ Ersparnisse durch Präventivmaßnahmen _____	**Kosten März** persönl. geschäftl. _____ _____ Ersparnisse durch Präventivmaßnahmen _____
Kosten April persönl. geschäftl. _____ _____ Ersparnisse durch Präventivmaßnahmen _____	**Kosten Mai** persönl. geschäftl. _____ _____ Ersparnisse durch Präventivmaßnahmen _____	**Kosten Juni** persönl. geschäftl. _____ _____ Ersparnisse durch Präventivmaßnahmen _____
Kosten Juli persönl. geschäftl. _____ _____ Ersparnisse durch Präventivmaßnahmen _____	**Kosten August** persönl. geschäftl. _____ _____ Ersparnisse durch Präventivmaßnahmen _____	**Kosten September** persönl. geschäftl. _____ _____ Ersparnisse durch Präventivmaßnahmen _____
Kosten Oktober persönl. geschäftl. _____ _____ Ersparnisse durch Präventivmaßnahmen _____	**Kosten November** persönl. geschäftl. _____ _____ Ersparnisse durch Präventivmaßnahmen _____	**Kosten Dezember** persönl. geschäftl. _____ _____ Ersparnisse durch Präventivmaßnahmen _____

Zehn Komponenten eines Qualitätsprogramms

6.1.8 Wie Sie Ihr Qualitätsprogramm erstellen

Sie haben wahrscheinlich im Laufe Ihrer Karriere bereits mehrere Qualitätsprogramme erlebt. Einige schlugen fehl, andere waren erfolgreich. Nachstehend finden Sie einige Richtlinien zur Erstellung eines Qualitätsprogramms, das erfolgreich sein wird. Verwenden Sie diese Anregungen, um ein neues Programm zu starten oder um Ihr laufendes Programm anzupassen.

Gesamtplan

Jeder Berater, jedes Buch oder jeder Workshop über Qualität empfiehlt, daß Sie mit einem systematischen Plan beginnen sollten, der alle Ziele abdeckt, die Sie mit dem Programm verfolgen. Wenn Sie ein paar Stunden in Planung investieren, ersparen Sie sich später Tage und Monate vergeudeter Zeit.

Engagement und Unterstützung

Definieren Sie, welches Maß an Engagement und Hilfe benötigt wird, damit Ihre Qualitätsbemühungen unterstützt, sichtbar und – wenn sich Erfolg einstellt – belohnt werden. Erstellen Sie Ihr Programm, bevor Sie Gruppen zusammenstellen und Probleme definieren.

Schulung und Training

Beißen Sie in den sauren Apfel! Ihr Programm wird fehlschlagen, wenn Sie nicht genau eruieren, was Ihre Mannschaft weiß und was sie wissen sollte. Ausschlaggebend ist, was die Schulungs- und Trainingsprogramme abdecken müssen. Ein sporadischer und oberflächlicher Überblick mag für eine Weile Emotionen wecken und die Moral stärken, aber dieser Effekt wird nicht anhalten. Mobilisieren Sie Quellen auf Universitätsebene, bei privaten Firmen oder bei Einzelpersonen, die Ihnen in Ihren Bemühungen beistehen können.

Werkzeuge und Materialien

Kursmaterial ist ein guter Ausgangspunkt. Überdenken Sie einmal, was Sie Ihren Mitarbeitern bieten können, wenn Sie mit Büchern, Videos und Audiokassetten arbeiten. Ein obligatorisches System von Kontrollen und Überprüfungen des fachlichen Inhalts *wird bessere Qualität schaffen.*

Zehn Komponenten eines Qualitätsprogramms

Beteiligung und Engagement

Die Leute wollen einbezogen werden. Und ob Sie es glauben oder nicht, sie haben großartige Ideen, die Wunder wirken können. Fragen Sie die Leute, schulen Sie sie, und geben Sie Ihnen die richtigen Werkzeuge an die Hand. Setzen Sie ihre stichhaltigen Ideen rasch in die Tat um, und initiieren Sie so eine stetige Bewegung in Richtung Verbesserung von Produktivität und Qualität.

Meßindikatoren

Wählen Sie sechs bis zehn Indikatoren, welche den endgültigen Erfolg oder Mißerfolg Ihres Programms signalisieren. Alle Bemühungen des Qualitätsprogramms sollten auf diese Leistungsbewerter abzielen. Verwenden Sie die am besten geeigneten Datensammlungen, graphischen Darstellungen und Vorführtechniken, um die Realität zu bewerten und sie für alle verständlich darzustellen. Diskutieren Sie den Fortschritt, den Erfolg und den Mißerfolg im Sinne der ausgewählten Indikatoren.

Belohnungen und Leistungsanreize

Die Menschen sind nur eine gewisse Zeitlang bereit, etwas zu tun, ohne dafür eine direkte oder indirekte Belohnung zu erhalten. Geld, Anerkennung, Verantwortung, Fotos, Medaillen und sogar rote Bänder können ein wirksamer Leistungsanreiz sein. Entscheiden Sie sich für eine Kombination von direkten und indirekten sowie materiellen und immateriellen Belohnungen. Die Leute freuen sich über Kaffee und Kuchen, Geld auf dem Bankkonto und Lob. Jeder von uns möchte etwas anderes, je nachdem, welche Bedürfnisse wir gerade haben, und deshalb muß dieser Teil des Plans variabel sein und oft aktualisiert werden. Der Test besteht darin, ob die Belohnung zu kontinuierlicher guter Leistung führt oder nicht.

➡ *Zehn Komponenten eines Qualitätsprogramms*

Beurteilen Sie Ihr Qualitätsprogramm

Markieren Sie alles, was dazu geeignet ist, Ihr Qualitätsprogramm zu bewerten:

	existiert	auf neuestem Stand	effektiv
1. Gesamtplan	O	O	O
2. Engagement und Unterstützung	O	O	O
3. Schulung und Training	O	O	O
4. Werkzeuge und Materialien	O	O	O
5. Allgemeine Beteiligung	O	O	O
6. Meßindikatoren	O	O	O
7. Belohnungen und Leistungsanreize	O	O	O

♦ *Lassen Sie nicht andere Ihr Qualitätsprogramm für Sie beurteilen!*

6.1.9 Wie Sie Ihr Qualitätsprogramm unterstützen

Jeder von uns möchte Qualitätsarbeit leisten. Ein formelles Qualitätsprogramm erfordert jedoch Zeit und Energie. Es erfordert weiters sichtbare und verbale Unterstützung von allen Beteiligten. Vielen Leuten erscheint diese Forderung unnötig; in Wirklichkeit muß ein gut funktionierendes Qualitätsprogramm jedoch die begeisterte und kontinuierliche Unterstützung des Managements und der Mitarbeiter haben. Jede Gruppe muß viel Lärm um die Qualität machen. Wirklich eine Menge Lärm! Nachstehend finden Sie zwei Übungen, eine für Manager und eine andere für Mitarbeiter, die positive Wege aufzeigen sollen, wie Sie Ihre Unterstützung für das Qualitätsprogramm Ihres Unternehmens demonstrieren können. Wenn Sie Ihre Bewertungen abgeschlossen haben, zeigen Sie Ihre Listen anderen Leuten und bitten Sie diese um Vorschläge, wie Sie Ihren Einsatz für Ihre Qualitätsziele noch weiter verstärken können.

Das »Wie man ...« der Qualität

➡ Zehn Komponenten eines Qualitätsprogramms

Qualitäts-Eckpfeiler Nummer 3

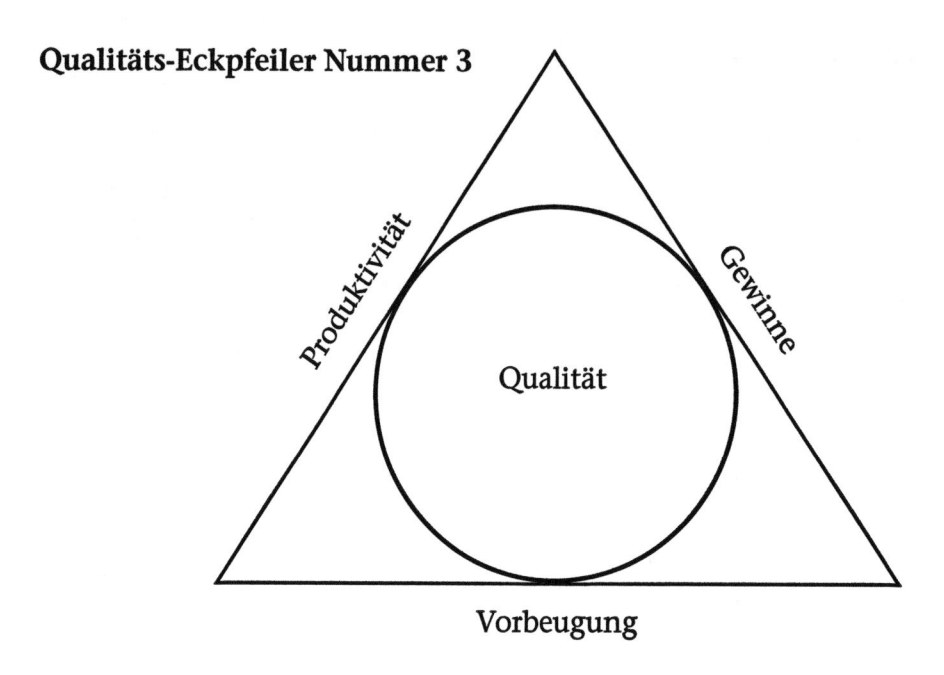

Produktivität — Gewinne — Vorbeugung — Qualität

Wie das Management und die Arbeitnehmer ihre Unterstützung demonstrieren können

1. Wie das Management seine Unterstützung zeigen kann

Einige Führungskräfte fühlen sich unter Druck, weil sie Qualität ohnehin bereits unterstützen. Andere starten neue Qualitätsprogramme und hätten gern mehr Richtlinien. Wieder andere brauchen einen kleinen Anstoß. Nachstehend sind acht Vorschläge aufgelistet, wie Sie Ihre Unterstützung zeigen können. Lesen Sie die Vorschläge durch, und markieren Sie diejenigen, die Sie bereits ausführen, und solche, von denen Sie beschlossen haben, daß Sie sie anwenden wollen. In den leeren Zeilen darunter listen Sie andere Unterstützungsaktivitäten auf, die Sie bereits gesetzt haben, und auch solche, die Sie beginnen werden.

	Mache ich bereits	werde ich machen
1. Sachdienliche Qualitätsinformationen betreffend Strategie, Ziele, Kunden und Finanzen bekanntgeben	O	O
2. Für alle sichtbar an Präsentationen, Konferenzen, einzelnen Besprechungen und Belegschaftsmeetings teilnehmen	O	O

➟ Zehn Komponenten eines Qualitätsprogramms

	Mache ich bereits	werde ich machen

3. Um Ideen und Vorschläge für Änderungen bitten, die den Kunden zugute kommen sollen _____ O — O

4. An Schulungsmeetings teilnehmen _____ O — O

5. Allen Arbeitnehmern den Zugang zu Schulungen ermöglichen _____ O — O

6. Mich mit dem System zur Beurteilung der P.S. vertraut machen und es unterstützen _____ O — O

7. Das Belohnungssystem verstehen und unterstützen (das setzt voraus, daß eines existiert) _____ O — O

8. Sichtbar und verbal die Akzeptanz des Qualitätsprogramms bekunden _____ O — O

Was ich sonst noch tue:

_____ ____ O

_____ ____ O

Was ich sonst noch zu tun vorhabe:

_____ ____ O

_____ ____ O

2. Wie die Mitarbeiter ihre Unterstützung zeigen können

Führungskräfte werden oft wegen ihrer zu geringen Unterstützung für Qualitätsprogramme kritisiert. Sie wären in ihren Bemühungen viel effektiver, wenn sie positive Unterstützung von ihren Mitarbeitern bekämen. Es folgen einige Dinge, die Sie tun können, um das Management, das Programm und Ihre Kollegen zu unterstützen. Anschließend finden Sie sechs Vorschläge aufgelistet, wie Sie Ihre Unterstützung zeigen können. Lesen Sie die Vorschläge, und markieren Sie diejenigen, die Sie bereits ausführen, und solche, die umzusetzen Sie beschlossen haben. In den freien Zeilen listen Sie weitere Unterstützungsaktivitäten auf, die Sie gesetzt haben, und dann solche, die Sie beginnen wollen.

Das »Wie man ...« der Qualität

➭ Zehn Komponenten eines Qualitätsprogramms

	Mache ich bereits	werde ich machen
1. Alle Aspekte meines Jobs gründlich lernen und sorgfältig ausführen	O	O
2. Entscheidungen in Frage stellen, die die Qualität vermindern	O	O
3. In Sachen Leistung ein gutes Beispiel für andere Mitarbeiter geben	O	O
4. Das Erstellen und Befolgen eines Sieben-Stufen-Plans	O	O
5. An angebotenen Schulungen teilnehmen	O	O
6. In Kursen oder aus Büchern gelernte Prinzipien und Techniken auf die Arbeit übertragen	O	O

Was ich sonst noch tue:

_____ O

_____ O

Was ich sonst noch zu tun vorhabe:

_____ O

_____ O

6.1.10 Wie man Qualitätsarbeit leistet

Hohe Motivation – objektives Zuhören – realistische Ziele – zeitgerechte Schulung – einhaltbare Richtlinien – sinnvolle Bewertungen – Beachten der Ursachen – hochgesteckte Ambitionen – Fehlerverhütung – rasche Problemerkennung – konsequentes Engagement – Zustimmung – lebenslanger Prozeß – Integrität – Teamwork – Ja-wir-schaffen-es-Einstellung – umsichtige Führung – beobachtbare Ergebnisse – Anerkennen von Leistung – Kenntnisse.

Teil 7:
Ein Plädoyer für die Problemvorbeugung

7.1 Vorbeugen ist besser ...

◆ *Ein Fehler, der nicht existiert, kann nicht übersehen werden.*

Philip Crosby

Vorbeugung impliziert, daß Probleme gelöst werden können, bevor sie auftreten. Anders ausgedrückt: Ziel einer Organisation sollte es sein, die Arbeit gleich beim ersten Mal richtig zu machen. Wenn ein Ingenieurbüro eine Brücke bauen will, so werden Entwürfe erstellt, die den baulichen Spezifikationen Rechnung tragen. Stellen Sie sich vor, man würde auf beiden Seiten eines Flusses Beton gießen und Träger legen und hoffen, daß sich die Bauteile in der Mitte treffen, wenn die Brücke fertig ist.

Ein Problem zu korrigieren, nachdem es aufgetreten ist, kommt immer viel teurer und ist frustrierender, als Fehler im voraus zu erkennen und Vorbeugungsmaßnahmen zu treffen. Das Geheimnis der Fehlervorbeugung besteht darin, die Prozesse und Abläufe wirklich zu kennen. Stellen Sie Halbleiter her? Machen Sie »Hamburger«? Wo ist das Auftreten von Fehlern wahrscheinlich? Listen Sie sie auf. Überprüfen Sie.

In der Produktion wird dieser Überprüfungsprozeß Statistische Qualitätskontrolle genannt (Statistical Quality Control, SQC). Jede Variable eines Prozesses wird identifiziert und gemessen. Über- oder unterschreitet sie den Kontrollbereich, so wird sie korrigiert. Der Trick besteht darin, alle Variablen innerhalb der Toleranzgrenzen zu halten. SQC sollte kein Problem sein. Jene Leute, die die Kontrollkarten erstellen, müssen gut ausgebildet sein, aber die Leute, die damit arbeiten, müssen nur einige Schlüsselpunkte beherrschen. Einige Arbeitnehmer haben Schwierigkeiten mit SQC, weil der Prozeß nicht sehr anspruchsvoll ist und sie das Gefühl haben, daß dies in Widerspruch zu ihren mannigfaltigen Fähigkeiten steht. Die Führungskräfte geraten in die »Heldenfalle« – solange ein Prozeß nicht gerade noch am Rande der Katastrophe gerettet wird, sehen sie noch keinen Grund zur Sorge ... und keine Gelegenheit, sich persönliche Sporen zu verdienen.

Aus diesem Grund ist die Vorbeugung nicht unbedingt ein populäres Konzept. Sie wurde wie folgt beschrieben:

- uninteressant
- nicht aufregend
- bietet keine Belohnungen
- nicht unterhaltsam
- gleichförmig

Die Mitarbeiter bekommen keine großen Goldmedaillen, weil sie nichts Sichtbares oder Heroisches tun. Die Namen der Leute von Qualitätssicherungsabteilungen sind selten in den Schlagzeilen von Firmenzeitungen zu finden. Sie sind die stillen Leute

➡ *Vorbeugen ist besser ...*

hinter den Kulissen, deren Aufgabe es ist, Phantomdrachen zu töten, bevor sie reale Gestalt annehmen. Ihre unspektakuläre Arbeit besteht darin, die Dinge planmäßig und zeitgerecht zum Funktionieren zu bringen.

7.1.1 Vorbeugeprinzipien

In einem gut geplanten Qualitätsprogramm stellt die Prävention einen besonders wichtigen Schwerpunkt dar. Obwohl sie schwer zu verkaufen sein mag, ist die Vorbeugung das Rückgrat jedes erfolgreichen Qualitätsprogramms. Die Vorbeugung minimiert Verschwendung, spart Geld und erhöht die Produktivität. Nachstehend finden Sie eine Liste, in der einige Prinzipien der Vorbeugung beschrieben werden. Kennzeichnen Sie Prinzipien, die Sie als richtig bewerten, mit einem »R«, und solche, die Sie als falsch ansehen, mit einem »F«. Die richtigen Antworten finden Sie am Ende der Liste.

⟹ Vorbeugen ist besser ...

	R	F
1. Vorbeugung bedeutet, den Job schon beim ersten Mal richtig zu machen	O	O
2. Qualität wird am besten durch Kontrolle garantiert	O	O
3. Eine positive Einstellung, Kommunikation und Teamwork sind essentielle Elemente der Vorbeugung	O	O
4. Je simpler der Plan oder Entwurf, desto geringer ist die Wahrscheinlichkeit, daß Fehler gemacht werden	O	O
5. Vorbeugung liegt einzig und allein im Verantwortungsbereich des leitenden Technikers	O	O
6. Die Leute verbessern ihre »Vorbeugungseinstellung« durch Leistungsanreize und Schulungen	O	O
7. Schriftliche Anforderungen machen Vorbeugungsmaßnahmen überflüssig	O	O
8. Fehler passieren deshalb, weil die Leute die Vorbeugung nicht ernst genug nehmen	O	O
9. Die Vorbeugung ist leichter, wenn Sie Ihren Job voll und ganz verstehen	O	O
10. Vorbeugung ist in Produktionsbetrieben wichtiger als im Dienstleistungssektor	O	O

Antworten der Autoren:

1. R; 2. F (Qualität wird am besten durch Vorbeugungsmaßnahmen gesichert; Kontrolle ist teuer und schafft eine Wachhundhaltung); 3. und 4. R; 5. F (jeder ist für Vorbeugung verantwortlich. Je mehr Leute involviert sind, desto wahrscheinlicher ist es, daß Probleme schnell erkannt werden); 6. R; 7. F (schriftliche Anforderungen helfen Ihnen, den Prozeß und die Ziele zu verstehen; sie eliminieren nicht die Probleme.); 8. und 9. R; 10. F (Vorbeugung ist in beiden Bereichen gleich wichtig, aber die Ansätze und Methoden können verschieden sein).

7.1.2 Wie man Fehler vermeidet

Die Vorbeugung basiert auf folgenden Faktoren:

1. Die Anforderungen richtig verstehen.
2. Die Anforderungen ernst nehmen.
3. Wachsamkeit.
4. *Wirkliches* Verständnis aller Funktionen Ihres Jobs oder des Vorgangs.
5. Die Arbeit gleich beim ersten Mal richtig ausführen.
6. Auf kontinuierliche Verbesserung hinarbeiten.
7. Gesunder Menschenverstand (ist immer noch in Mode).

Der junge Buchhalter, von dem die nächste Geschichte handelt, sollte auf die oben angeführten Prinzipien achten.

Simon, ein neuer Buchhalter einer großen Steuerberatungsfirma in Hamburg, war frustriert, weil die Endsummen seiner Zahlenkolonnen nicht stimmten. In seiner Verzweiflung fügte er schließlich am Ende seines Datenblattes folgende Zeile hinzu: FI ECU 112.18. Als sein Chef ihn fragte, was FI bedeuten sollte, erklärte er widerstrebend: »Fehler irgendwo.«

Es ist fast unmöglich, die wahren Kosten fehlerhafter Arbeit und zweitklassiger Dienstleistungen zu erheben. Es ist immer weniger kostenaufwendig, Fehler zu verhindern, als zu suchen, auszustreichen und auszubessern, denn diese Dinge geschehen erst im nachhinein. Qualität erreicht man nicht nur durch Kontrolle und Tests – dies sind teure und zeitaufwendige Methoden. Die Realität und der gesunde Menschenverstand sagen noch immer, daß das beste System zur konsequenten Sicherung von Qualität darin besteht, Vorbeugungsmaßnahmen zur klaren Priorität zu erklären.

Das Prinzip »Nahe genug« gilt nur beim Bocciaspiel, im Jazz, bei Handgranaten und beim Tanzen in einem Ballsaal ...

7.1.3 Vorbeugung versus Korrektur

»Die 10-zu-1-Entscheidung«

Vorbeugung heißt ... Zeit dafür aufzuwenden, eine Nachricht vollständig aufzuzeichnen, so daß Sie oder jemand anders richtig reagieren oder antworten können/kann.

Korrektur hingegen heißt ... zehnmal (10 x) so viele *Minuten* aufzuwenden, um die Nachricht zu entziffern, noch einmal anzurufen und sich noch einmal des Inhalts der Orginalnotiz zu vergewissern.

Vorbeugung heißt ... das Auto anzuhalten und auf der Landkarte nachzusehen, um den richtigen, direkten Weg zu einer Adresse in der Innenstadt ausfindig zu machen.

Korrektur hingegen heißt ... zehnmal (10 x) so viel *Benzin* zu verbrauchen, während man in Einbahnstraßen herumfährt, Strafmandate bekommt und die Fußgänger erschreckt.

Vorbeugung heißt ... gute Schulung anzubieten und die breiten Ziele der Abteilung transparent zu machen, damit jeder Arbeitnehmer genau beurteilen kann, ob seine Arbeit mit den Zielen in Einklang steht und ob er seinen Teil zu ihrer Erreichung beiträgt.

Korrektur hingegen heißt ... zehnmal (10 x) so viele *Stunden* aufzuwenden, um zu tadeln, umzuschulen und die Arbeit selber zu machen.

Vorbeugung heißt ... einen Monat lang zu lernen, wie man den firmeneigenen Personal Computer richtig installiert und wie man die Textverarbeitung, Datenbankverwaltung und Tabellenkalkulation bedient.

Korrektur hingegen heißt ... zehnmal (10 x) so viele *Monate* damit zu verbringen, die Software neu zu installieren, Daten zu verlieren und wieder nach der alten Manier zu arbeiten.

Vorbeugung heißt ... die richtigen Fragen zu stellen und die Zeit zu nutzen, um ein für allemal die »Wurzeln« der moralischen Probleme zu ergründen.

Korrektur hingegen heißt ... zehnmal (10 x) so viel(e) Stunden/Geld zu verlieren, indem man sich mit halben Lösungen herumschlägt, die das Mißtrauen und die Frustration weiter verstärken.

Teil 8:

Zum Abschluß: Ein Überblick

Zum Abschluß: Ein Überblick

Acceptable Quality Level, AQL (Akzeptables Qualitätsniveau, AQN) – Vorherbestimmtes, akzeptiertes Fehlerniveau.

Beurteilung – Die Beurteilung von Leistungen (Produkt, Dienstleistung oder Aktivität) nach dem Start oder nach Fertigstellung.

Baseline Data – Leistungsbeurteilung, die erfolgt, bevor eine neue Methode oder eine neue Technik erprobt wird.

Engagement – Die Motivation und der Wunsch, weiterhin aufgrund von Glauben, Meinungen und Verantwortung zu handeln.

Kommunikation – Jener Prozeß, bei dem Nachrichten über ausgewählte Kanäle zu einem Empfänger gesandt werden und bei dem man ein Feedback erhält, um das gegenseitige Verständnis zu überprüfen.

Kompetenz – Das Selbstbewußtsein, zu wissen, wie man etwas gut macht. Diese Selbstsicherheit beruht auf Schulung und Erfahrung.

Übereinstimmung mit den Spezifikationen – Formelle Definition für Qualität.

Korrekturprozeß – Der Vorgang des Korrigierens von Problemen, wenn Vorbeugungsmaßnahmen nicht angewandt werden oder nicht funktionieren. Dies ist der teuerste Weg, Problemsituationen zu bereinigen.

Konformitätskosten – Kosten, die dadurch entstehen, daß man sicherstellt, daß etwas richtig gemacht wird. Dies schließt Vorbeugung und Bewertung mit ein.

Kosten wegen Nichtkonformität – Kosten, die entstehen, wenn man etwas falsch macht. Inkludieren interne und externe Mißerfolge.

Qualitätskosten – Konformitätskosten + Nichtkonformitätskosten.

Kunden – Jene Leute innerhalb und außerhalb eines Unternehmens, die von den Ergebnissen Ihrer Bemühungen abhängig sind. Sie erhalten die Produkte und Dienstleistungen, die Sie produzieren.

Error Cause Removal, ECR (Beseitigung der Fehlerursache) – Ein Programm, bei dem Mitarbeiter Probleme auflisten, die qualitativ hochwertigen Leistungen im Wege stehen. Das Management definiert dann die geeignete Gruppe oder Person, die sich mit dem Problem zu befassen hat.

Fehler – Interne Fehler sind Probleme (Nichtkonformität), die erkannt werden, bevor das Produkt oder die Dienstleistung den Kunden erreicht. Externe Fehler werden beim Kunden oder am Absatzmarkt offenbar.

Ziele – Spezifische Meilensteine oder Vorsätze, die Sie, Ihre Abteilung oder Ihr Unternehmen in die Realität umzusetzen versuchen.

Management – Von den Leuten Ergebnisse bekommen durch Planung, Organisation, Führung, Personalpolitik und Kontrolle.

Bewertung – Aufzeichnungen vergangener Leistungen, die dazu verwendet werden, zukünftige Ausführungen zu beeinflussen. Normalerweise in Form von Quantität, Qualität, Kosten, Zeit oder Genauigkeit.

Nichtkonformität – Die spezifizierten Anforderungen werden nicht erreicht.

Unternehmensziele – Definierte, schriftlich festgelegte oder implizierte Leistungsniveaus von Gruppen von Leuten mit gemeinsamen Zielen.

P-D-D-Optionen – Drei Niveaus von Standards (Perfektion, Durchschnitt, Dehnung) bringen die Leistung auf das vom Kunden erwartete Niveau.

Zum Abschluß: Ein Überblick

Perfektionsstandards (Sieben-Stufen-Plan) – Maßstäbe, an denen gemessen wird, ob die Leistung mit den Anforderungen der Kunden übereinstimmt.

Persönliche Qualitätsstandards – Bewertungen der Qualität im persönlichen Leben, basierend auf Werten, Meinungen und individuellen Zielen.

Planen – Vorheriges Definieren von Anforderungen für die Verwirklichung von Zielen. Teil des präventiven Ansatzes in Sachen Qualität.

PDNK – Preis der Nichtkonformität. Was es kostet, wenn Sie die Erwartungen des Kunden nicht erfüllen.

Vorbeugung – Erkennen und Eliminieren von möglichen Fehlern, bevor sie auftreten.

Präventiver Ansatz – Das Vermeiden von Problemen, bevor sie auftreten, führt zu besseren und billigeren Produkten und Dienstleistungen.

Produktivität – Das Verhältnis zwischen dem *Input* (Arbeit, Zeit, Kapital, Energie) und dem Endprodukt oder *Output* (Dienstleistungen, fertige Produkte). Die Produktivität kann entweder durch Reduktion des Inputs oder durch Erhöhung des Outputs gesteigert werden.

»Q-MATCH« – Der Härtetest für berufliche und persönliche Qualität. »Q-MATCH« bedeutet »*q*uality = *m*eets *a*greed *t*erms and *ch*anges«, also »entspricht den vereinbarten Bedingungen und Änderungen«.

Qualität – Übereinstimmung mit Spezifikationen oder Forderungen. Mit Qualität ist *nicht* die »Güte« eines Produktes, Ihres Jobs oder einer Dienstleistung gemeint.

Qualitätsbewußtsein – Die generelle Kenntnis von Qualitätsprinzipien und deren Wirkung auf das Unternehmen.

Qualitätskontrolle – Jener Prozeß, der garantiert, daß ein Produkt oder eine Dienstleistung den festgelegten Anforderungen entspricht.

Qualitätsausbildung – Kenntnisse, Fertigkeiten und Praxis, deren Ziel darin besteht, Leistungen mit schlechter Qualität zu verhindern, sie zu erkennen und zu korrigieren.

Qualitätsgruppen – Normalerweise bestehen diese Gruppen aus sechs bis zwölf Mitarbeitern einer Organisation, die Qualitätsverbesserungsprinzipien studieren und anwenden, um Probleme zu beseitigen.

Anforderungen – Alle Attribute, nützlichen Eigenschaften, Merkmale und Vorteile, von denen der Kunde erwartet, daß er sie gemeinsam mit dem Produkt oder der Dienstleistung bekommt. Ihr Kunde kann auch Ihr Chef sein, ein Mitarbeiter oder eine andere Abteilung.

Wiederbearbeiten – Etwas aufgrund von Nichtübereinstimmung mit den Anforderungen mindestens ein zweites Mal machen.

Statistische Qualitätskontrolle – Die Anwendung von statistischen Methoden für die aktive Kontrolle während des Prozesses. Verwendet zur Entscheidungsfindung Echtzeit-Daten. Wird auch statistische Prozeßkontrolle genannt (statistical process control, SPC).

Trend Chart – Daten aus der Vergangenheit werden in graphischer Form dargestellt. Normalerweise in Form von Linien- oder Balkendiagrammen.

Null Fehler – Die Vorstellung, daß das Ziel Perfektion heißt und keine Fehler toleriert werden sollten.

Folgende Titel dieser Reihe sind lieferbar

1 Rebecca L. Morgan
Professionelles Verkaufen
Das Geheimnis erfolgreichen Verkaufs

2 Marion E. Haynes
Konferenzen erfolgreich gestalten
Wie man Besprechungen und Konferenzen plant und führt

3 Marylin Manning/Patricia Haddock
Führungstechniken für Frauen
Ein Stufenplan für den Management-Erfolg

4 Sandy Pokras
Systematische Problemlösung und Entscheidungsfindung
Der 6-Stufen-Plan zur sicheren Entscheidung

5 Steve Mandel
Präsentationen erfolgreich gestalten
Bewährte Techniken zur Steigerung Ihrer Selbstsicherheit, Motivationsfähigkeit und Überzeugungskraft

6 William L. Nothstine
Andere überzeugen
Ein Leitfaden der Beeinflussungsstrategien

7 Marion E. Haynes
Persönliches Zeitmanagement
So entkommen Sie der Zeitfalle

8 Carol Kinsey Goman
Kreativität im Geschäftsleben
Eine praktische Anleitung für kreatives Denken

9 Peter Kralicek
Grundlagen der Finanzwirtschaft
Bilanzen/Gewinn- und Verlustrechnung/Cashflow/Kalkulationsgrundlagen/Finanzplanung/Frühwarnsysteme

10 Pat Heim/Elwood N. Chapman
Führungsgrundlagen
Ein Entwicklungsprogramm für erfolgreiches Management

11 Richard Gerson
Der Marketingplan
Stufenweise Entwicklung – Umsetzung in die Praxis – Checklisten und Formulare

12 Robert B. Maddux
Professionelle Bewerberauslese
Interviews optimal vorbereiten – Stärken- und Schwächenkatalog – die sieben unverzeihlichen Fehler – Kriterien für die richtige Entscheidung

13 Phillip Bozek
50 Ein-Minuten-Tips für erfolgreichere Kommunikation
Techniken für effizientere Konferenzen, schriftliche Mitteilungen und Präsentationen

14 William B. Martin
Exzellenter Kundenservice
Ein Leitfaden für vorzügliche Dienstleistungen – die Kunst, Kunden als Gäste zu behandeln

15 Diane Berk
Optimale Vorbereitung für Ihr Bewerbungsgespräch
So bekommen Sie Ihren Traumjob

16 Joyce Turley
Schnellesen im Geschäftsleben
Bewährte Techniken zur besseren Bewältigung der Informationsflut

17 James R. Sherman
Plane deine Arbeit – arbeite nach deinem Plan
Planungstypen und -modelle – die 8 Planungsstufen

18 Kurt Hanks
Die Kunst der Motivation
Wie Manager ihren Mitarbeitern Ziele setzen und Leistungen honorieren – Ideen/ Konzepte/ Methoden

19 Elwood N. Chapman
Verkaufstraining – Einführungskurs
Psychologie des Verkaufens – Fragetechniken – Verkaufsabschluß – Telefonverkauf

20 Rick Conlow
Spitzenleistungen im Management
Wie man Mitarbeiter dazu anspornt, ihr Bestes zu geben – 6 Schlüsselfaktoren

21 Terry Dickey
Grundlagen der Budgetierung
Informationsgrundlagen – effiziente Planung – Techniken der Budgetierung – Prognosen und Controlling-Ergebnisse

22 *Sam Horn*
Konzentration
Mit gesteigertem Aufnahme- und Erinnerungsvermögen zum Erfolg

23 *Robert B. Maddux*
Erfolgreich verhandeln
Entwicklung einer Gewinn(er)-Philosophie – 8 schwerwiegende Fehler – 6 Grundschritte zu professioneller Verhandlungstechnik

24 *Roman Hofmeister*
Management by Controlling
Philosophie – Instrumente – Organisationsvoraussetzungen – Fallbeispiele

25 *Sam R. Lloyd/Christine Berthelot*
Selbstgesteuerte Persönlichkeitsentwicklung
Selbsteinschätzung – Erwartungshaltungen und Lösungen – verbesserte Führungsfähigkeiten – Persönlichkeitsentwicklungsprogramm

26 *Elwood N. Chapman*
Positive Lebenseinstellung
Ihr wertvollster Besitz

27 *Lynn Tylczak*
Die Produktivität der Mitarbeiter steigern
Kosten reduzieren – Produktqualität, Servicequalität und Moral erhöhen – basierend auf Wert-Management-Prinzipien

28 *Robert B. Maddux*
Team-Bildung
Gruppen zu Teams entwickeln – Leitfaden zur Steigerung der Effektivität einer Organisation

29 *Diane Bone/Rick Griggs*
Qualität am Arbeitsplatz
Leitfaden zur Entwicklung von hohen Personal-Qualitäts-Standards – Beispiele, Übungen, Checklisten

30 *Michael Crisp*
12 Schritte zur persönlichen Weiterentwicklung
Selbstbewußtsein/Kommunikation/Partnerschaften/berufliche Fähigkeiten/Kreativität

31 *Horst Auer (Österreich)*
Ulrich Weber (Deutschland)
Rechtsgrundlagen für GmbH-Geschäftsführer
Geschäftsführung und Vertretung – Weisungen – zivil- und strafrechtliche Haftung – Abgaben-, Sozialversicherungs-, Gewerbe- und Verwaltungsstrafrecht – Gesetzestexte, Musterverträge

32 *Stefan Czypionka*
Umgang mit schwierigen Partnern
Erfolgreich kommunizieren mit Kunden, Mitarbeitern, Kollegen, Vorgesetzten u. a. m.

33 *Josef Schwarzecker/Friedrich Spandl*
Kennzahlen – Krisenmanagement
mit Stufenplan zur Sanierung